JN412007

한낮의 정원

庭園

한낮의 정원

초판 1쇄 발행 2024년 7월 16일

지은이 박정숙
펴낸이 장길수
펴낸곳 지식과감성#
출판등록 제2012-000081호

교정 이주희
디자인 오정은
편집 오정은
검수 정은솔, 이현
마케팅 김윤길, 정은혜

주소 서울시 금천구 벚꽃로298 대륭포스트타워6차 1212호
전화 070-4651-3730~4
팩스 070-4325-7006
이메일 ksbookup@naver.com
홈페이지 www.knsbookup.com

ISBN 979-11-392-2004-9(03810)
값 16,700원

• 이 도서는 한국예술인복지재단 문화예술지원금을 받아 출간하였습니다.

박정숙 수필집

한낮의 정원 庭園

잔잔한 공감을 불러일으키는 '한낮의' 기록들

"시간이 더 흐르고 흘러서 우연이라 말할 수 있을지도 모르지만,
모든 일들이 필연이라 믿고 좀 더 정중하고 단정하게 살아야 할 것 같다."

지식과감성#

여는 글

걷다가 멈춘 곳이 '한낮의 정원'입니다
쉬어 가라고 이곳에서 이적지 기다려 준
하늘과 땅 그리고 나무와 돌과 연못을
휘돌다 흩어지는 바람에 실려 온 내음과
태깃들이 삶을 닮아서 머무르려 합니다

살아가다가 마음에 고이는 것들이 많을 때
입을 열어 말하는 대신 글을 쓰게 됩니다
삶이 아름답기만 했다면 글이 되지 않고
듣기 좋고 옮기기 쉬운 말이 되었겠지요
말이 되지 못한 글이 모여 줄 서기 할 때
알약을 삼키듯 썼던 글들을 모아서 '수필'
아주 낮은 소리로 이름을 불러 봅니다
그중 숨쉬기 좋은 이야기들을 풀거나
스며들게 하거나 저만치 남아 있는 것까지
주뼛주뼛 끼울까 말까 펼치게 됩니다

안방 문을 열면 벽면 가득했던 흑백사진
그리고 가족사진이 천장 밑 손 닿는 곳

딱 그곳으로 우리를 잡아끌었던 이유가
특별할 것도 없는 이야기들을 어색하게
펼쳐 보이던 기억이 추억이고 삶이니까요

- 2024년 초봄 오원 박정숙

목 차

제1부

나로부터 시작된 언어

제2부

다정多情도 병病 — 한낮의 정원庭園

제3부

방송을 통해 보는 세상 — 망원경 & 현미경

제4부

이야기가 익는 마을 — 이야기는 이야기

제5부

편지 & SNS — 마음에게 마음이

제1부

나로부터 시작된 언어

1. '고령 사회' 보고서
2. 편지에게 편지가
3. 자랑스럽고 슬픈 이별
4. 방송을 통해 열리다
5. '근대역사문화도시' 시민으로
6. 보내는 마음 & 맞이하는 마음
7. 복실이의 눈물
8. 뜨거운 여름날 피카소와 만나다
9. 이야기가 있는 여행으로의 초대
10. '헬무트 뉴튼전'을 보고

'고령 사회' 보고서

살아가는 이유가 따로 있는 것은 아니다. 그냥 태어났다고 믿으면 '그냥저냥 살지요.'라고 생각해도 되지만 때로는 이름을 붙이고 싶은 일이 있다. 젊은 날에는 모든 일이 우연이라고 믿었던 것처럼 당당하게 책임지지 않아도 좋았다. 이제 50~60대 사이에서, 살아온 이력이 필연이라고 담담하게 중간 점검을 한다. 시간이 더 흐르고 흘러서 우연이라 말할 수 있을지도 모르지만, 모든 일들이 필연이라 믿고 좀 더 정중하고 단정하게 살아야 할 것 같다.

26년을 전업주부로 살다가 2017년 10월 10일자로 '○○요양원'의 요양보호사가 되었다. 그동안 아이 셋을 키우며 직장에 다니려면 반대급부 또한 무시할 수 없었고, 연로한 시부모님을 위해 언제든 나를 부르거나 필요로 할 때를 대비, '스탠바이(stand-by)' 상태일 수밖에 없었다면, 전업주부였던 26년의 이유가 될까? 어쨌든 아버님까지 타계하시고 얼마 후 직장을 구하기 위해 '고용지원센터'를 찾았다. 그리고 그곳에서 "고령 사회를 대비해 요양보호사가 유망하다."라는 안내를 받았다. 그래서 바로 국비가 지원되는 패키지로 교육을 받고 시험을 치르고 자격을 부여받고 현재의 직장에 몸담게 된 것이다.

면접 과정에서 "다른 일도 많은데 그중 힘들고 박한 일을 왜 선택하십니까?"라고 질문을 받았다. 내 대답은 "국비로 교육을 받았으니 당연히 그 값을 해야 합니다. 또, 아버님이 마지막 19일을 지내다 가신 곳이 어떤 곳인지 알고 싶습니다. 그리고 친정 부모님을 위해 혹여 요양을 하면서 선택이 필요할 때 기준을 삼아서 제대로 판단하고 싶습니다. 거기에다 향후 20~30년 후면 제가 입소할 수도 있기에 받고 싶은 케어의 씨앗을 심는 마음으로 일하려고 왔습니다." 지금은 한 가지가 더 늘었다. 부모님이 살아 계실 때 최선이라 믿고 행했던 일들이 부모님 입장에서도 최선이었는지 모르겠다. 만약 최선이 아니었다면 '대신' 또는 '다시' 행하는 심정으로 모든 어르신을 상냥하고 친절하게 케어하고 싶어서다.

어르신들을 케어하는 일이 날마다 즐겁고 쉬운 일이라고 할 수는 없다. 아이를 셋이나 길러 본 어미이고, 20년 넘게 부모님을 곁에서 보필한 경험으로 어지간한 일은 웃어넘기고 힘든 시간을 버티며 1년을 채웠다. 이직률이 높은 직종이라 불리는 만큼 나를 지탱할 무언가가 필요했다. 이왕 시작한 일이니 최소한 1년은 해 보고 나서 '한다, 못 한다'를 결정해야 후회 없는 결정이라 생각했다. 또한 '내가 하는 일이 중요한 일일 뿐만 아니라 꼭 필요한 일'이라고 믿고 동기부여를 하기 위해서 장점을 찾기 시작했다.

첫째, 돈을 벌면서 좋은 일을 한다. 둘째, 좋은 일을 하면서 건강해졌다. 셋째, 아침마다 단장을 하고 거울을 보고 출근하는 재미가 있다. 넷째, 직장 생활로 인해 규칙적인 생활을 한다. 다섯째, 어르신들과 생활하다 보면 하루에 몇 번씩 웃을 수 있다. 그 외에도 좋은 점을 찾자면 더 있겠지만 다섯 가지로도 충분히 만족하며 1년이 지나갔다.

이제부터 새로 쓰는 직업 일지에 2년 차 '요양보호사'로서의 각오와 방향 표시를 하려고 한다. "딱 1년을 넘기고 나면 내가 가야 할 방향을 스스로 결정하겠습니다." 하고 선임에게 말했다. 그 말처럼 그동안은 요양보호사로서의 책무를 다할 생각이다. 생로병사의 길은 누구도 피해 갈 수 없는 인생 여정이다. 인지가 있고 없고를 떠나 차별 없이 대할 것이며, 항상 웃을 수 있는 품성을 지킬 것이고, 상냥한 말씨로 어르신들을 대할 것이다. 이는 나를 위한 일이며 우리를 위한 일이기에 지켜야 할 자신과의 약속이다.

매일 조회와 석회를 통해 어르신들에 대한 현재 상태 및 특이 사항을 보고하고, 보고받는다. 그뿐만 아니라 이상 징후에 어떤 조치를 했는지를 알리고, 간호과와 관리자와 동료 간의 피드백에 따른 해결까지가 반드시 지켜져야 하는 인수인계 과정이다. 교대근무 전에 정보를 주고받으며 중점적으로 케어를 해야 할 대상을 확인하고 근무를 시작한다. 요양보호시설은 어르신들의 일상을 위해 전담 케어를 하는 곳이다. 따라서 마음만 가지고 임하기에는 역부족인 경우가 있다 보니 수시로 각성하고 판단해야 하는 일이 있다. 그 안에서 많은 것을 새로 배우고 익히는 한편, 요양보호시설에 대한 사회적 관심이 부족하다는 것을 새삼 절감하는 중이다. 거기에 요양 시설에 대해 갖는 편견과 오해를 주변 사람들로부터 다시금 깨닫고 있다.

100세 넘는 어르신의 뚜렷한 눈빛과 또렷한 말씨에 감동하고 경외의 미소를 지을 때가 있다. 또 아직 너무 고와서 바라보기조차 아까운 어르신은 기억 저 어디쯤 헤매는 망연한 눈길과 외계어로 우리의 눈길과 손길을 부른다. 어디 그 어르신뿐이랴. 50명 가까이 되는 모든 어르신은 살아온 환경에 따라서 모습과 성정도 다르지만, 지나간 인생이 엿보이기도 하고 때로는 전혀 다른 세상을 보여 주기도 한다. 젊어서는 한때 잘나갔을 테지만 염치와 예의를 잊어버린 채 현재를 살고 있는 그분들을 보면서 '우리의 미래도 그곳에 있고 어쩌면 비슷하리라.' 하는 생각을 한다.

3대가 모여 살던 시절에는 '노인 문제'라는 말 자체가 없었다. 왜냐하면 삶의 생로병사가 가족 안에서 이루어졌고 그것이 풍습이었기 때문이다. 사람이 태어나서 자라고 늙고 병들어 가는 일이 너무나 자연스러운 일이었기에 문제가 아니라 그냥 삶, 그 자체였다. 하지만 지금은 핵가족화되고 외벌이로 살기에는 너무나 복잡하고 바쁜 시대다. 그리고 고령인구가 급속도로 늘어 가는 추세다 보니 상황별로 가족이 책임을 지기에는 역부족인 경우가 많다. 이곳에 입소한 어르신들을 보면 거의가 90세 이상이고 100세를 넘긴 경우도 많다. 그러다 보니 운동기능 저하로 일상생활이 어려워서는 물론이거니와 잔여 기능마저 부족한 분들은 와상 상태로 입소한다. 철저하게 보호를 받아야만 하는 상황인 것이다.

죽는 날까지 건강할 수 있으면 좋겠지만 '50세가 넘으면 병증과 벗하며 친하게 지내라'는 말이 있을 만큼 건강을 지키는 일이 만만하지 않다. "유병장수"라는 말이 보편적이라서 시대적 과제로 떠오르고 있는 것이다. 따라서 이제부터는 가정을 넘어 사회와 국가가 협력해서 고령인구 문제 해결 방안을 놓고 연구에 연구를 거듭하고 보완하고 시정해 나가야 한다. 모든 고령인구를 수용하기에는 시설과 인력이 부족하다. 게다가 노인들도 정해진 요양 등급을 받아야 한다. 또한 보호시설도 '시설'이라는 인증을 받아야 입소시킬 수 있다.

물론 경제적으로 안정적이어서 아무 상관 없는 어르신의 경우 조건에 맞추어 실버타운 등에 입주하면 되지만, 서민의 경우 국가의 지원을 받아야만 개인 부담을 줄일 수 있다. 지원을 받기 위해서는 복잡한 절차와 수차례의 면담과 심사를 거쳐야만 한다. 그나마 예전에 비해서는 인식이 개선되었고 관할하는 기관에서 기본 관리를 하고 있기는 하다. 그래도 사각지대는 있기 마련이고 그러한 문제를 줄이기 위한 다각적인 노력이 필요하다. 물론 고령인구 증가에 따른 지원 제도가 있기는 하다. 현재는 등급을 받았을 때 병증이 심한 경우 요양병원, 병증은 심하지 않고 거동이 불편한 경우 요양원, 혼자 사는 경우 방문 보호 또는 주간보호시설이 있다. 하지만 현재 시행되고 있는 제도를 두고 면밀한 검토를 거쳐 개선한다면 입소자 유치 경쟁이 치열한 현 실정에서 벗어날 수 있지 않을까.

'요양병원'과 '요양원'과 '주간보호시설'이 우후죽순처럼 늘어나는 반면에, 문을 닫고 있는 곳 역시 늘고 있다. 그래서 남아도는 시설이라고 생각하기 쉬우나 현실은 그렇지 않다. 공급처나 수요자 간의 사각지대를 줄이는 방법은 각각의 보호시설마다 기준을 명확하게 해서 상황별로 운영하는 길이 아닐까 싶다. 단계별로 맞춤 케어를 할 수 있는 시설로 전환한다면 꼭 필요한 노인들에게 그 혜택이 돌아갈 것이다. 일선에서 근무하는 요양보호사로서 더 많은 어르신들이 보호받고 존중받기를 원한다. 지금 입소한 어르신들은 그나마 선택받았다고 볼 수 있다. 왜냐하면 전문적으로 케어를 받고 있는 가운데 인권과 안전까지 두루 보살핌을 받고 있다. 그런 측면에서 보자면 모든 보호시설에 단계별로 안전망을 두는 것이 좋다. 그래서인지 노인 보호 제도 개선을 위해 시설마다 평가를 하고 또 받고 있다. 그런 제도가 있어서 시설은 시설대로 진화 발전 하는 중이고, 그에 맞는 케어를 위해 시설의 장은 물론이고 요양보호사들과 노인들을 위한 교육까지 이루어지고 있다. 모든 것을 총망라해서 지원과 함께 관리·감독하고 있는 것이다. 그러다 보니 노인에 대한 케어의 질이 높아지고 있고, 요양보호사에 대한 인식과 처우 개선에 대한 노력 또한 활발해지고 있다. 여러모로 바람직한 변화를 기대할 수 있는 과정에 있다고 볼 수 있다.

그동안에는 민간이 주도적으로 운영하는 시설들이 많았다면 앞으로는 국가에서 관리하고 감독하는 법인체로 전환하려는 시점이기도 하다. 민간 주도라고 해서 그냥 맡겨 두는 것이 아니라 평가하는 장치와 절차를 통해 적절한 '시설 인가 점수'를 통과해야 한다. 양호하면 3년, 규정 조건에 위배될 때는 매년 평가를 다시 받아야 한다. 서류심사만 하던 예전과는 다르게 종사자의 면담과 케어 내용을 밀착해서 중점적으로 관찰하는데 배점이 30%나 된다. 그만큼 요양보호사의 중요성이 부각되고 있는 것이다. 어르신들의 쾌적하고 편안한 생활공간으로서의 시설 안전도 및 각종 서류도 꼼꼼하게 심사하는 평가단을 보면서 바람직한 과정이라 생각했다. 건강한 관리 차원에서 면밀하게 보고 분석하고 평가해서 현존하는 모든 시설의 운영이 제대로 이루어지기를 바란다.

입소한 어르신들 중에는 가족들과 분리되었다는 서운함을 감추지 못해 울화증을 보이거나, 만사를 귀찮아하는 무기력증을 보이거나, 안절부절못하는 불안증을 보이는 등의 다양한 반응을 보이는 분들이 계신다. 때로는 속수무책이기도 하고 때로는 안타깝기도 하다. 분노 지수가 높아 수탉처럼 싸우거나 우울해서 울고 싶어 하거나 아프다고 호소하는 경우, 말리거나 달래는 길밖에 없다. 발현되는 모든 병증과 그 마음을 충분히 이해하기에 누구 한 사람 편만 들 수 없고 그렇다고 천편일률적으로 대할 수도 없다. 상황에 따라 맞춤 케어를 하는 것을 기본으로 모든 어르신에게 관심과 배려를 나누어야 한다. 물론 씩씩하고 긍정적인 어르신들은 "내가 오고 싶어서 자식들에게 이곳에 데려다 달라고 했어."라고 하거나 "하느님이 오라고 할 때까지는 이곳에서 편안하게 살아야 해."라고 하거나 케어를 할 때마다 "감사~ 감사~ 합니다~"라고 인사를 한다.

우리 마음을 가장 아리게 하는 "우리에게 이렇게 잘해 주는 데가 워디에 있어~ 뜨신 밥 주지, 날마다 깨깟이 옷 갈아입혀 주지~ 편헌 잠자리에서 재워 주지~ 그래도 내 집이 좋아~"라는 말에는 콧날이 시큰하다. 그런 어르신들을 위해 날마다 기도를 한다. 어쩌다는 역사적인 상처를 보게 될 때도 있다. 그때마다 지난한 역사적 사건들을 두루 거친 우리 어르신들의 경험은 존중받아야 하고 배려받아야 된다고 생각한다. 그러기 위해서 제도적으로 요양보호시설이 있고 우리 요양보호사가 있다. 내가 근무하는 곳은 매뉴얼에 따른 일상생활 케어는 물론 어르신마다의 맞춤 케어를 기본으로 하지만, 어디까지나 상황에 맞게 대처해야 한다. 전인적인 역할을 해야 하는 '요양보호사'의 일을 결코 가벼이 할 수 없다. 우리는 시대가 요구하는 중요한 길을 가고 있다. 앞으로 시도하고 보완하면서 발전하다 보면 고령인구가 늘어 가는 실정에 맞는 정책이 자리 잡을 것이다. 우리 요양보호사의 역할이 얼마나 중요하고 필요한 일인지…. 앞으로는 보호시설이나 요양보호사의 입지가 탄탄해질 것을 믿는다. 왜냐하면 사회는 필요에 의해 발전하고 진화한다는 사실을 알고 있기 때문이다. 시설 관리자와 입소한 어르신 사이의 중간 역할인 일선 종사자로서 맡은 일에 대한 책임과 의무를 다할 생각이다. 그리고 어르신들을 이해하고 보호하며 배려할 것이다.

- 2018년 동인지 발표

편지에게 편지가

하나, 9월에게

올 9월은 저에게 있어서 특별하고 터닝 포인트가 되는 시간이었습니다.

지난 목요일에는 서울 A 병원에 가서 우리 셋째의 신경외과 담당 교수님을 만나고 왔습니다. 취업과 군 입대 문제를 앞두고 있어서 상담차 갔다가 가벼운 마음으로 돌아올 수 있어서 참으로 좋았습니다.

"왜 보호자만 왔습니까?" 하고 물어보셔서 "결석을 싫어하는 아이라서 대신 왔습니다."라고 했습니다. 또 "무슨 일로 왔습니까?" 하시기에 "취업과 군 입대를 앞두고 선생님의 소견을 듣고 싶어서 왔습니다."라고 대답했습니다. 그러자 대뜸 교수님이 "저는 군대에 안 가게 해 달라는 서류는 드릴 수 없습니다. 왜 군대를 안 가려고 하는지 모르겠습니다."라며 오해를 앞질렀습니다. 그래서 "사고 당시 두개골 쪽을 워낙 많이 다쳐서 혹여 문제가 있을까 싶어서 문의를 한 것인데, 군면제 서류를 요청하는 것이라고 오해를 하시면 곤란하지요. 그리고 사고 당시 다른 의사 선생님들께 문의를 했을 때 '머리뼈는 안 붙을 수 있고, 그렇더라도 사는 데는 아무런 지장이 없다.'라는 설명을 들었던 터라 더더욱 선생님을 뵙고 문의를 하고 싶었습니다." 하고 차분하게 설명했습니다.

"머리뼈가 안 붙는다는 얘기는 무슨 뜻인지 모르겠고, 팔이 부러

져도 시간이 지나면 붙듯이 머릿속도 깨끗하게 붙었습니다. 취업하는 데도, 군 입대에도 아무런 문제가 없습니다. 그리고 군대를 다녀와야 사회에서 한 사람으로 인정을 받고 대우받는다는 사실은 아주 중요하니 아드님에게 꼭 군대에 다녀와야 한다고 전해 주십시오. 그리고 만약 남편분이 국회에 출마하든지 정치에 입문을 하려면 반드시 아들들 군 입대 문제는 해결해야 합니다. 그래서 우리 아들들도 셋 다 군대에 다녀왔습니다." 하는 교수님의 농담까지 듣고서 확실하게 짚고 넘어가야겠다고 생각했습니다.

"그럼 우리 아이의 머릿속 뼈가 잘 붙었다는 사진을 제게 보여 주시고, 뼈가 모두 붙었다는 진단서도 주실 수 있으세요?"라고 물었습니다. "어디에 쓰려 그러십니까?" 하고 묻기에 "제가 혼자 왔으니 아이와 남편 그리고 가족들과 지인들에게 보여 주려고요."라는 말에 흔쾌히 진단서를 발급해서 주었습니다. 본인이 아니라서 보충 서류가 필요하긴 했지만, 몇 단계를 거쳐서 요청한 것을 받아 들고 왔습니다. 시력 때문에 잘 보이지 않아 사진을 찍어서 확대시켜 읽어 보고 혼자 보기 아까워서 '가족 단톡방'과 '가족 밴드'와 '지인 단톡방'에 올렸습니다. 아래 내용은 2017년 9월 21일 신경외과 담당 교수님이 발행한 진단서 내용입니다.

"병명: 두개골 및 안면골의 상세 불명 부분의 골절. 폐쇄성 열린 두개 내 상처가 없는 경막 외 출혈(SO290, SO640)"

"위 환자는 교통사고로 인한 두부 손상으로 본 병원에서 2013년 1월 17일부터

28일까지 입원 치료를 하였으며 그 후 출혈도 없어지고 상태가 호전되어 두개골 절 부위가 완전히 치료되었음을 확인합니다."

위 내용을 본 많은 사람들에게 "그동안 고생했다.", "축하한다."라는 응원을 받으며 더 행복했습니다. 몇 번 잘 붙었다는 설명을 듣기는 했어도 "머리뼈는 잘 안 붙는다. 그러나 평생을 그렇게 살아도 생명에는 지장이 없다." 하는 충격적인 말이 뇌리에 깊이 박혀 항상 마음이 무겁고 아팠는데 근심이 말끔하게 사라지는 순간이기도 했습니다.휴~

2015년 7월에 아버님께 농지와 집터를 증여받는 과정에서 약간의 해프닝이 있었습니다. 시동생은 법무사에 맡겨서 등기이전을 먼저 하고, 우리는 여름휴가 중이라 시간 여유가 있어서 인터넷을 뒤져서 관공서 등을 찾아다니며 일 처리를 직접 하기로 했습니다. 그 과정에서 등기이전 할 지번이 군청 컴퓨터상에 뜨지 않았습니다. 평소 부모님이 몇 번에 걸쳐 말씀하시던 내용을 토대로 등기 열람을 해도 도무지 찾을 수가 없었습니다.

"어디 것은 느그 것이고 어디 것은 니 동생 것이다." "니 동생 것이 적어야~" "니 동생 것은 찌깐혀~"라고 예전에 들려주셨던 말씀 등을 감안해서 찾다가 결국 아버님께 여쭙고 확인했습니다. 그 과정에서 등기 사본과 아버님이 직접 정리해 놓으신 노트를 보게 되었고,

바로 시동생이 법무사를 통해 땅을 뒤바꾼 상태로 등기를 마친 후라는 사실을 알게 되었습니다.

남편은 "동생이 이왕 등기이전을 해서 가져갔으니 남은 것을 우리가 등기이전 하면 어떻겠느냐?" 하고 묻는데, 잠시 고민한 결과 그래서는 안 될 것 같았습니다.

"이것이 그냥 땅일 때는 상관없지만, 나중에 혹시라도 한 곳이 큰 재산이 되면 형제간에 두고두고 말썽거리가 되니 당신 것은 당신이 가져오고, 서방님 것은 서방님이 가져가게 하자."라고 했습니다. 남편도 그 말에 동의를 했고, 시동생 역시 등기를 할 때 실수를 했다며 순순히 등기를 되돌려 다시 했습니다. 그냥 해프닝이라고 털어 버리기에는 개운하지 않았고 불편하기까지 했습니다.

그 후로 2년이 흐른 지금까지 꺼림칙해서 몇 번 "서방님이 알면서 일부러 가져간 것이 아닐까?"라고 했더니 팔은 안으로 굽는다고, 남편은 "등기상 땅 모양이 비슷해서 모르고 가져갔을 거야."라며 일축했습니다. 그럼에도 불구하고 '한 다리가 만 리'라는 말이 맞는지 자꾸만 스멀스멀 올라오는 의구심은 사라지지 않았습니다. 그러던 차에 올 9월, 벌초를 마친 후 종항간從行間에 앉아서 그 당시의 이야기를 나누기에 '때는 이때다!' 싶어서 단도직입적으로 물었습니다.

"서방님, 이왕에 말이 나왔으니 묻는데요. 아버님께 증여받아 등기이전 할 때 집터를 알고 가져가셨어요? 모르고 가져가신 거예요? 형님은 모르고 한 일이라고 하는데, 저는 형수여서 그런지 한 가닥 의구심이 남아서요."

그러자 서방님은 "모르고 가져갔어요, 형수님~ 저는 그때 괜히 먼저 등기이전 하면서 잘못해 가지고 생돈을 몇십만 원이나 날렸어요."라고 대답했습니다.

"물어보기를 참 잘했네요. 한 다리가 먼 형수인 제가 틀리고, 형님이 맞아서 다행이고, 이제는 개운하네요."

그동안 찜찜했던 마음이 사라지고 홀가분하기가 이루 말할 수 없이 좋았습니다. 2013년 1월과 2015년 7월부터 답답하던 속이 뻥 뚫리는 선물이 된 2017년 9월입니다. 앞으로의 9월은 저에게 매년 새로울 것 같습니다. 고맙습니다, 구월!

둘, 나의 남자들에게

여보세요, 운 튼 내 남자. 2011년 2월 남편이 심장판막 성형수술을 하고, "피가 새는데 어디서 새는 줄 모르니 다시 수술 자리를 열어야 한다."라고 해서 보호자란에 연거푸 사인을 해야만 했어요. 답답하고 기막힌 첫 수술 7시간, 재수술 몇 시간 도합 10시간 넘게 기도하듯 남편에게 문자를 날렸어요. 순조롭게 깨어나라고, 늙으신 부모님과 어린 자식들이 기다리니 정신 줄 놓으면 안 된다고, 마음에 담긴 얘기는 모두 쏟아 냈죠.

중환자실에서 4일 만에 일반 병실로 옮기고 차츰 회복되어 잘 먹고 잘 잤지만 딱 하나 헤모글로빈 수치가 낮아서 한 달 가까이 퇴원을 보류시켰을 때였어요. "집에 가고 싶다. 집에만 가면 나을 것 같다." 하고 마치 어린애처럼 남편이 조르고 졸라서, 우리 장남 입대 사흘 전에 가까스로 퇴원을 할 수 있었지요. 그때 전화기에 '죽봉' 대신 '운 튼 내 사람'으로 입력했어요. 대학 때 친구들이 붙여 준 별명인 '죽봉'이 주인과 잘 어울려서 오랫동안 그렇게 부르며 살다가, 숨조차 제대로 못 쉬던 사람이 멀쩡하게 새로 태어난 기념으로 '운 튼 내 사람'이라 한 것이지요. 그 기운을 받은 까닭인지 3일 후, 2주 후, 30일 후, 3개월 후, 6개월 후 정기 검진을 받기 위해 왕복 5~7시간 거리를 기쁜 마음으로 함께 다녔죠.

2년 후 모든 수치가 정상범위에 들었다는 담당 교수님 말씀이 떨어지기 무섭게 "술 한 잔씩 해도 됩니까?"라고 묻는 남편에게 "한 잔씩은 됩니다."라는 답이 왔지요. 그 후 365일 중 거의 300일을 한 잔이 두 잔 되고 두 잔이 세 잔 되면서 취할 정도로 마시니 어찌할까요? 어느 날인가 "이제 다 되었네."라는 말로 사람의 심장을 덜컥 내려앉게 했지요. 겁나고 부아가 나서 집에 있는 술이란 술은 모조리 싱크대에 부어 버렸어요. 한동안 누구도 술 얘기를 하지 않았고 마시지 않았죠. 계절이 가을에서 봄으로 바뀌는 기간이었어요.

그러다가 무더운 여름날 밭에서 땀을 흘리며 풀을 베고 뽑으며, 고구마와 콩 농사를 짓느라 농주 한 잔씩 마시게 되면서 다시 음주가 시작되었죠. 아직까지는 과하지 않아서 조용히 지켜보는 중이지만 '너무한다' 싶을 때는 장담할 수 없어요. 잘 마시면 약이라는 술을 마시지 못하게는 안 할게요. 반주 정도로만 마시면서 기분 좋고 건강하게 우리 아이들 셋 바라다봐 줍시다. 부모가 뒤에서 응원하며 바라볼 때 아이들도 안정적이지 않을까요? 아무리 술이 좋다 한들 우리 아이들만 하겠어요. 아이들 셋에게 '엄지척'을 받는 아빠로서 말이죠. 그렇게 인정받고 싶어서 제 편만 셋씩이나 세상에 놓은 욕심 많은 사람이니까.

"여보세요, 운 튼 내 남자. 건강하게 오래오래 살아 보자고요."

든든한 우리 장남, 뭐가 그리 급했는지 결혼하자마자 찾아와 아빠 엄마 신혼도 없게 하더니. 미안했던지 먹고 자고 먹고 자고 거의 울음소리 없이 크는 너를 보면서, 외할머니는 "네 엄마를 성가시게 해야 살이 빠지니 힘들게 좀 해라." 하시며 순한 너를 자주 타박하며 웃으셨단다. 백일 지나면서부터는 저녁에 먹고 잠들면 아침에 엄마가 눈을 떠야 일어날 만큼 엄마를 편하게 해 주는 아가였어. 그뿐만 아니라 연년생 동생과도 어찌나 친구처럼 잘 놀아 주었는지 몰라. 오죽하면 형아 아바타처럼 하나하나 따라서 했을까. 네가 넘어지면 딱 그 자리에서 넘어지고 갈 만큼 너를 잘 따랐었어. 엄마가 화두만 던져 주고 그 자리에서 기다리면 또박또박 걸어서 와 주었고. 책임감 강하게 잘 자라서 고마워.

태어난 지 열세 달 만에 동생을 만나게 해서 당황했지. 애기 노릇 많이 못 하게 해서 미안해. 그리고 서둘러 아파트 입주를 하느라 초절약 모드였기에, 한창 커야 할 때 그러지 못했던지 '저성장 클리닉'

에 가 보라고, 담임선생님께 인근 대학병원 카드를 받아 온 너의 작은 손에게도 미안해. 그리고 아빠 심장 수술하느라, 한 달 넘게 동생들 돌보다가 군 입대 하게 해서 미안해. 나중에 안 사실이지만 태어나 3~4년 동안 균형 있게 잘 먹였어야 한다는데….

그런 과정을 거쳐 내면서 우리 장남 참 많이 단단해졌더구나. 어느 날 엄마가 고민을 말했더니, 상담사 역할을 제대로 해내는 모습에 미소가 번지더라. 그리고 동생들에게 이런저런 조언을 하며 솔선수범하는 모습에 박수를 보내기도 했단다. 때로는 엄마가 네게 무게를 실어 주기도 했고, 시작했으면 끝을 보라고 권유하고 독려를 했어. 우리 뒤를 이어 나가야 해서 좀 더 엄중하게 대했다는 사실 너는 모르지?

엄마도 최근에야 안 사실이란다. 왜 할아버지 할머니께서 아빠 엄마에게 더 무게를 얹어 대하셨는지 돌아가시고 나서야 깨닫고 '아차' 싶었거든. 엄마는 그저 할머니가 큰며느리인 엄마를 덜 좋아하는 줄 알았어. 그러다가 할머니의 "내 마음은 처음부터 쭉 너에게 있었느니라." 그리고 "너는 들어도 천 근, 놓아도 천 근이다." 하시는 고백을 듣고 너에 대한 마음의 자세와 정리가 제대로 되더라. 아빠는 장남이라 어느 정도 알았겠지만 엄마는 둘째라서 몰랐고, 또 네가 어릴 때는 첫째인 것에 어떤 마음인지 알 수 없었어. 그러다가 네가 스물이 넘으면서 서서히 어떤 중압감이 생기더라. 이미 자란 너를 다시 키울 수는 없지만 여물려야겠다는, 그래서 집안을 잘 이끌어 가게 해야 우리의 책임을 다할 수 있다는 생각 말이야. 그래야 이다음 조상님들을 뵈었을 때 반갑게 맞아 주시겠지. "네 역할 잘해서 장하고 고맙다." 하고 어깨 툭툭, 등 토닥토닥해 주실 테니까. 든든한 우리 장남, 인턴십 잘하고 진로는 12차선처럼 쭉쭉 나아가렴.

유쾌한 우리 차남, 형아가 태어나고 백일 지나자마자 우리를 찾아와 준 둘째. 그래서인지 고개를 잘 못 들 만큼 약해서 자주 토하고 많이 울었어. 그런데 백일이 지나면서부터 거짓말처럼 토하지도 않고 울지도 않더니 어찌나 잘 웃고 붙임성이 좋던지 때로는 가슴이 덜컥하기도 했단다. 돌 사진 찍었을 때 웃는 모습이 예쁜 아이로 사진관에 걸어 둘 정도였고, 역사驛舍 앞에 상주하는 걸인이 다가와 이쁘고 귀엽다며 안아 주고, 뽀뽀하자면 바로 뽀뽀를 하더라. 낯을 가리지 않는 너를 보면서 '저러다 낯선 사람을 따라가면 어쩌나?' 싶기까지 했어. 해맑게 잘 웃고 잘 따르는 너를 주위 사람들은 귀여워하고 사랑해 주었지. 지금까지 누구와도 잘 어울리고 인사성이 밝아서 칭찬하는 사람이 많더라.

그뿐인가, 지금도 옆에서 바라보면 웃음이 날 때가 많아. 어제도 직업상 타지로 떠나는 동생을 "안아 주렴." 했더니 꼭 안아 주다가 어느새 동생에게 대롱대롱 매달려 우리를 어이없고 당황하게 만들었지. 순발력 있고 유머러스하고 재치 넘치는 우리 둘째, 때로는 농담이 지나쳐 "우리 둘째는 반 이상이 농담."이라는 변명을 남들에게 하기도 하지. 사람들이 혹여 오해를 할까 봐서 엄마는 미리 보완책을 마련하느라 그러는데 "남성의 감성은 여성과 다르다."라는 말에 이제부터는 있는 그대로 너의 농담 코드를 이해하고 인정하려고 해.

우리에게는 국립대학에 가 준 것도 고마운 일인데, 올봄에는 형을 따라 지역거점대학으로 편입해서 자랑스럽다. 새로운 환경에 적응하느라 힘이 들었는지 방학 동안에 집에 와 있겠다더니, 바로 알바를 하면서 힘들다는 내색 없이 잘 버티더구나. "힘든 일은 없느냐?" 하고 물으면 "하는 일이 거의 없어서 편하다." 하고 대답해 줘서 고마워. 지금도 월·화·수·목은 학교, 금·토·일은 알바로 열심이니 고맙고 장하다.

초등학교 입학 전 한글을 제대로 익히지 못하고 헤매는 너를 지나치게 다그치고 체벌한 것 미안해. 그때는 엄마가 심한 갈등을 겪고 있던 때라서 네게 화풀이를 했나 봐. 또 너를 찾으려고 방문을 여는데 문이 잘 안 열리자 거듭 열다가 하필 문 뒤에 숨어 있던 네가 엄지발톱을 다쳤던 것도 미안해. 그리고 형아는 책임 많은 장남이라서, 동생은 일찌감치 직장인이 되어야 하는 막둥이라서 가끔 들여다보는데, 잘 웃고 농담하며 유쾌한 너에게는 좀 관심을 덜 가졌을지도 몰라. 하지만 분명한 것은 아빠 엄마에게 너희 삼 형제는 각각 다른 색으로 꽉 차게 담겨 있다는 사실이야. 너는 무슨 색인지 맞혀 보렴. 일어나면서 노래하고 자기 전에도 노래하는 너처럼 항상 유쾌한 색이야. 네가 항상 우리 가족에게 보여 주고 웃게 해 주는 색. 무슨 색인지 알 수 있겠지? 유쾌한 우리 차남, 인생도 탄탄하고 유쾌하게 펼쳐지기를.

야무진 우리 셋째, 결혼하면서 셋을 낳자고 아빠랑 약속했는데 둘째 형아를 낳고 너를 만나기까지 왜 그렇게 오래 걸리게 했어? 오랄 때 빨리 오지, 어디서 해찰을 한 거야? 엄마가 노산인 서른아홉에 낳아서 그랬는지, 태어나자마자 황달기가 심하다고 소아과 병원에 따로 입원을 시키더라. 엄마도 제왕절개로 출산해서 퇴원하고 일주일 만에 너를 만나러 갔더니, 인큐베이터 속에 개구리처럼 엎디어 주사를 주렁주렁 달고 있는데, 가슴이 저미고 아파서 그대로 둘 수 없더구나. 그래서 "큰 병원으로 데리고 가겠다." 하고 우겨서 너를 품에 안고 "아가, 엄마야." 했더니 쪼그만 아가가 한숨을 '후~' 쉬더라. 꼭 껴안은 그대로 너를 집으로 데리고 왔지. 외할머니 대신 엄마를 몸조리해 주러 오신 이모는 "겁이 난다. 그러다가 큰일이 나면 어떻게 하느냐?" 하고 걱정을 하는데 엄마는 너를 믿었어. 막연한 가운데 왠지 괜찮을 것 같았거든. 엄마의 믿음대로 잘 자고 잘 먹고 잘 싸는 거야.

그렇게 너는 우리의 품으로 왔고 엄마의 버팀목이었어. 그 당시 여러 가지로 힘든 일이 많았는데 너를 키우는 재미로 하나하나 이겨 내며 상쇄시킬 수 있었거든. 그리고 막둥이라 그런지 잔정이 많아서 엄마가 아프다고 하면 꼬막 같은 손으로 머리를 만져 주고, 토닥거려 주고, 호호 불어 주는 모습이 귀여워서 금방 괜찮아졌어. 반면 나이 차이가 7살, 6살 나는 형들 밑에서 크느라 호불호가 분명하고 철이 일찍 들어 가는 모습이 아쉽고 애잔하더라.

중 1, 겨울 방학 때 할머니 제사를 모시러 갔는데 알바 때문에 먼저 가는 형아랑 같이 가겠다고 해서 "새벽에 아빠 엄마랑 같이 가자." 하고 붙잡았더니 혼자 길을 나섰다가 교통사고가 나 버렸지. 머리쪽을 많이 다쳐서 얼마나 놀라고 겁이 나던지. 담당 선생님이 많이 아플 것이라는데, 아파하지도 않아서 '어디 고장이 난 건가?' 싶었어. 무탈하기를 바라면서 조마조마하는 가운데 그래도 시간은 흘러가더라.

고교 진학을 앞두고 너는 "대학 안 가고 취업을 위해 기술을 배우는 학교로 진학을 하겠다."라고 하기에 합격하지 못할 것이라고 예상하고 내기를 했어. "그럼 이 지역에서 가장 좋은 학교에 합격하면 보내 주마."라고 했더니 국내에 3개 있다는 국립 마이스터고에 거의 꼴찌로 합격을 하더라. 워낙 자기 주관이 확실한 아이라 믿고 지켜보는데 적성에 맞았는지 성적은 꼴찌에서 2등까지 올리고, 방송실 활동과 학생부 임원으로 학교생활을 꽉 채우는 모습이 보기 좋았다. 그렇게 재미나게 보내는가 싶더니 취직이 되어 학기별로 장학금이 나온다기에 뿌듯했다. 그런데 졸업 전에 취업을 나간다니 한편은 대견하고 한편은 아리다.

"어떻게 하지? 아직 어린데 사회생활을 벌써 시작해서?"라고 했더니 "엄마, 나는 학교생활보다 직장 생활이 더 좋고 재미있을 것 같아요."라며 오히려 안심을 시키더구나. 엄마는 너를 믿을 거야. 왜냐면 너는 야무진 셋째니까. 우리 막둥이 인생도 야무지고 멋지게 짱짱짱.

- 2017년 동인지 발표

자랑스럽고 슬픈 이별

뉴스를 보다가 눈물을 흘린 기억이 있으십니까? 자랑스럽고 슬픈 그 이름이 안치범, 일명 '초인종 의인'입니다. 흰 줄무늬 반바지에 슬리퍼 차림의 사람이 건물로 들어가 엘리베이터를 타고 올라가는 장면과 함께 "한 청년이 주민들을 살리고 정작 자신은 목숨을 잃었습니다."라는 앵커의 메시지가 귀로 들어왔습니다. 채널을 돌리려다가 멈추고 접한 사연은 몇 줄 안 됩니다.

"청년이 밖으로 나왔다가 건물에 불이 난 것을 알고는 아무런 망설임 없이 다시 건물 안으로 들어갑니다. 곧이어 사람들이 몰려나오고 그림과 함께 CCTV를 통해 밝혀진 이야기가 이어집니다. 성우가 꿈인 지극히 평범하고 반듯하고 선하게 생긴 스물여덟 살의 청년이 바로 초인종을 눌러 소리치며 자고 있던 주민들을 깨워 밖으로 나갈 수 있도록 합니다. 그런데 정작 본인은 복도에 가득 찬 연기에 질식해 쓰러진 채 나오지 못하고 소방관들에 의해 발견되었습니다. 병원으로 옮겨져 며칠째 의료진의 노력과 가족들의 간구에도 불구하고 끝내 소생하지 못하고 하늘나라로 떠났습니다."

요즘처럼 관심이나 배려가 부족하고 개인주의가 만연한 시대에 보기 드문 '의인의 이야기'가 화면을 통해 나오고 있는 동안 나도 모르게 눈물이 흘렀습니다. 떠나간 아들을 향해 목멘 소리로 "자랑스럽다." 하고 말하는 의인의 어머니를 보면서 눈물 부조 몇 번을 더

했습니다. 아들을 잘 키웠다고 해야 하는데, 그 말이 나오지 않았습니다. 어미의 마음을 너무나 잘 알기 때문입니다.

아들만 셋을 키워 둘을 군대에 보내면서 울고 또 울다가, 뉴스에서 군대 문제만 나와도 가슴을 졸이다 못해 밤잠을 설치던 기억이 있습니다. 그런 어미기에 이제는 아들을 영영 볼 수도 안아 볼 수도 없는 의인의 어머니께 고개를 숙여 겨우 인사만 했습니다. 스물여덟 해를 부모와 자식으로 만나 얼마나 많은 정성과 시간과 폭넓은 투자를 했을지…. 더군다나 엄마에게는 기르는 내내 아이가 보여 준 장면들이 인두로 지져 놓은 듯이 가슴에 선명하게 남아 있습니다.

그런 청년의 어머니께 그 무엇도 해 줄 게 없었습니다. 저보고 "아들들을 그렇게 가르쳤느냐?"라고 묻는다면 가르쳤는지는 기억에 없습니다. 다만 남을 살리고 대신 죽는 일은 하지 않았으면 좋겠습니다. 아니 '의인'은 생각조차도 하기 싫습니다. 그러면서도 "자랑스럽다."라고 하는 그 어머니가 대단하고 존경스러운 마음은 감출 수도 없고 달리 어쩌지도 못합니다. 그냥 먹먹해서 목례만 할 뿐입니다.

며칠째 안타깝고 슬퍼서 사후 약방문을 생각해 봅니다. 귀하고 장하고 자랑스러운 죽음을 더는 보고 싶지 않아서 '이랬으면' '저랬으면' 사족을 다는 것이라고 생각해도 좋습니다. 우리의 귀한 생명들이 그렇게 떠나간다면 인적자원 낭비입니다. 30년 가까이 한 사람의 성인을 만드는 일이 쉽게 써 내려갈 수 있는 간단한 이야기가 아님을 너무나 잘 알기에, 할 수만 있다면 다시 살려 내고 싶습니다.

의인 안치범, 망설임 없이 올라가지 말고 그냥 건물 밖에서 큰소리로 "불이야. 불이야."라고 외치고 또 외쳤으면 모두가 사는 방법일 수 있었을까요? 아니면 올라갔더라도 일일이 초인종을 누르고 소리치며 깨우지 말고 몇 사람을 깨워 함께했다면 모두 사는 방법일 수 있었을까요? 그도 아니면 자다 깨서 나오던 주민들이 모두 소리 높여 남은 사람들을 깨웠더라면 모두 살 수 있는 방법이었을까요? 이렇게 물어보면서도 가슴이 아려서 숨을 쉬기가 힘이 듭니다. 생면부지인 나도 이럴진대 그대의 어머니는 지금 어떤 심정으로 견디고 있을까요? 어머니를 떠올렸어도 결과가 같았을지 묻고만 싶네요. 목소리도 낭랑하고 웃는 모습도 환하니 보기 좋고 든든한 청년이더군요. 아이를 기른 엄마라서 그런지 아깝고 또 아깝기만 하네요. 살아서 우리에게 좋은 영화 더빙도 해 주고 라디오는 물론 TV 프로그램에서도 그 모습과 목소리로 만인의 연인이 될 수도 있었을 텐데 말이죠.

학교에서 분명히 안전교육을 받았을 것이고, 성인이니만큼 그런 지각은 있고도 남았겠지요. 그럼에도 불구하고 살신성인하는 심정으로 주민들을 살려 내고 대신 갔으니, 그 세상에서 훌륭한 성우로 꿈을 이루세요. 안치범!

요즘 지진 대비 훈련, 소방 훈련과 같이 각종 예방 차원의 훈련들이 이어지고 있고, 그 중요성을 각계각층에서 강조하고 있습니다. 상당히 바람직하고 적극적으로 참여해야 할 의무와 필요성이 있는 일입니다. 우리 삶과 직접적인 연관이 있는 일이기에 기관과 국민이 한뜻으로 배우며 실행하는 일이 되어야 합니다. 거듭 강조해도 지나치지 않는 일이 바로 우리 생명과 직결된 일입니다. 우리가 함께 생각하고 함께 살아 나가는 게 가장 중요합니다. 그럴 수 있다면 참으로 다행입니다. 그런데 한 사람의 생명을 가벼이 여기는 생명 경시 풍조가 곳곳에서 빚어지고 있는 현실입니다. 편을 갈라 대치하고 위협하는 집단이기주의는 사라져야 하는, 인간이 가진 극도의 사회적 병패입니다. 아름다운 청년 이야기의 말미에 또 한 사람의 이름을 빼고 갈 수 없어서 덧붙입니다. 물대포에 맞아 사망한 69세의 농민 '백남기' 님, 영전에 고개 숙여 명복을 빕니다. 건강한 사회였다면 미연에 방지할 수 있지 않았을까요? 귀한 생명을 잃은 사회의 일원으로 고개를 깊이 숙일 수밖에 없는 지금이 슬프고 서럽습니다.

아들들아, 대한민국은 자랑스럽고 슬픈 나라라고 쓰게 되어 미안하다. 아빠 엄마가 살아온 세상보다 너희들이 살아갈 세상이 더 좋았으면 좋겠는데 그건 꿈이라고 하더구나. 그래도 엄마는 세상이 점점 좋아져서 엄마가 바라는 그런 세상이었으면 좋겠다. 언젠가 얘기해 준 것 기억나니? 엄마가 핸드백을 마트 카트에 놓고 온 후, 30분쯤 후에 찾으러 가면서 거의 포기했는데, 핸드백이 그 자리에 그대로 있어서 감동했다는 이야기. 그리고 또 한 번, 자동차의 트렁크가 열린 채 몇 시간씩 방치되어 있었고, 그 안에 여러 가지 물건과 핸드백이 있었음에도 불구하고 아무것도 없어지지 않았다는 이야기. 그래서 엄마는 너희들에게 "살기 좋은 나라다.", "자랑스러운 나라다."라고 했는데, 오늘 같은 날에는 "슬픈 나라다."라고 말을 해야 하니 안타깝다. 그래도 사랑한다, 우리 아들들. 그리고 우리나라 대한민국.

- 2016년 동인지 발표

* 안치범은 발인일인 2016년 09월 22일 발인식에서 성우협회 명예 회원으로 인증, 성우로 등록되어 있다. '2016년 〈KBS성우연기대상〉 시상식'에서 고 안치범의 어머니께 '명예 성우' 패를 전달했다.

방송을 통해 열리다

하나,

어젯밤 늦게 격세지감을 느꼈다. 우리나라 공영방송에서 그것도 'KBS1'에서 버젓이 일본 영화를 방송하는데 기가 막히고 '이러니까 무시당하지!' 싶은 실망감이 앞섰다. 요즘 일본 영화가 버젓이 극장에서 상영되고 있어 젊은 신세대를 제외한 많은 사람들이 우려의 목소리를 내고 있다. 또 이와 연계되어 일본 배우들을 향한 팬층이 두터워 한류 열풍에 이어 일류 열풍이 고개를 들고 있기도 하다. 물론 세상사가 받는 것이 있으면 주기도 해야 한다. 하지만 그네들이야 역사적 잘못이 있으니까 한류니 뭐니 선심을 쓰고 화해의 악수를 청할 수 있지만, 사과받을 부분과 배상받을 부분이 남아 있는 우리로서는 그렇게 쉽게 문화적으로 수용하고 받아들여서는 안 된다. 그러잖아도 일본의 만화나 게임 또는 잡지가 청소년들 사이에 무분별하게 전파되고 만연하여 역사의식조차 희박해져 가고 있는 이때에 국영 방송국에서 일본 영화라니 참 씁쓸하고 서글펐다.

외교적인 부분이 얼마나 첨예하고 신랄한 부분인지 짐작은 하지만, 역사적 잘잘못은 물론 작품성에 대한 확인 절차를 거친 후에 받아들여도 늦지 않다. 물론 가까운 이웃 나라고 외교를 원활하게 하려면 적절한 반응이 필요하지만, 국영 방송국에서 일본 영화를 방송하는 것은 일제를 겪은 세대와 그 역사를 기억하는 우리에게 상당한

불쾌감을 주었다. 방송 시간이 심야였고 작품이 역사, 정치적 성향의 것이 아니었지만, 버젓이 드러내 놓고 방송할 일이 아니었다. 국영 방송사는 국가에서 공적 자금으로 운영하는 방송사이니만큼 그에 걸맞은 적절한 방송을 해야 한다.

내가 너무 융통성 없고 구태의연한지는 모르겠는데 그렇게 간단한 문제는 아니다. 문화적인 침투력이 얼마나 강하고 깊은데, 반성의지가 전혀 없는 안하무인의 역사관을 가진 민족의 문화를 그렇게 쉽게 물꼬를 터 주는 것은, 국민적 정서를 전혀 고려하지 않았음을 여실히 보여 준 것이다. 항간에서는 "이미 오래전부터 알게 모르게 일본의 문화를 보고 들어 왔는데 방송을 못 하게 하는 것은 눈 가리고 아웅 하는 것이다."라는 식으로 말하고 있다. 그러나 그렇게 좌시할 문제는 아니다. 암암리에 행하고 있는 일을 양성화시키자는 말이겠지만, 공식적으로 드러내 놓고 인정해 버릴 일은 아니다.

왜냐하면 그들의 문화를 민간 차원이 아닌 국가적 차원으로 수용해 주길 원한다면 먼저 사죄할 것을 사죄하고, 그 이후에 배상할 것을 배상해야 한다. 그런 연후에 왜곡된 역사나 문화관이 아닌 제대로 된 역사와 문화외교로 다가와야 한다. 그렇게 되도록 국가와 국가를 대변할 만한 국영 방송국에서는 책임 의식을 갖고 방송을 해야 한다. 이것이 가장 우선되어야 할 최선책이라고 생각한다.

그러지 않고 한일 관계를 부드럽게 해결할 수 있는 가장 빠른 방법은 우리가 일본 우위를 달리는 것이다. 그렇게 된다면 물 흐르듯이 자연스럽게 모든 일들이 해결될 수 있다. 국력에 의해 선점할 수 있거나 혹은 국익을 아우르는 사안을 놓고 볼 때, 일본도 서둘러 입장 정리를 분명히 할 것이고, 우리 역시 자신감에서 비롯된 너그러움으로 그들을 품어 안을 수 있을 것이다. 현시점에서 우리가 일본을 품어 안을 경우 굴욕적인 저자세로 보이기 쉽고, 또 물렁한 처세로 폄하되기 쉽다. 그런 일을 굳이 하려는 일부 견해를 이해할 수 없다. 문화 교류는 필요한 일이지만, '그 시기와 방법이 적절하냐?'에 초점을 맞추고 요점을 파악했으면 좋겠다. 꼿꼿한 외교 수완도 국력이 될 수 있고, 그 국력이 곧 외교의 테두리를 넓힐 수 있다. 국영방송에서는 당연히 이 모든 사항을 고려해야 할 일이다. 왜냐하면 일본의 현주소를 망각해서는 안 되기 때문이다.

그들은 우리에게 일제 36년 동안의 죄상을 사죄하는 대신 왜곡시키고 정당화시키기에 급급했다. 반면, 김대중 납치 사건이 일본 영해에서 벌어진 일을 두고 이제 와서 공식 사과를 요구하고 있다. 그 당시 우리 정부에서 필요한 절차를 거쳐 예를 표했음에도 불구하고 말이다. 그러면서도 미국에 대한 그들의 반응은 매우 대조적이다. 물론 전쟁 중에 일어난 일이기는 하지만 히로시마에 원자폭탄을 투하해 엄청난 인명과 재산적 손실을 입혔음에도 불구하고 미국에게는 사과 요구를 하고 있지 않다. 그런 그들에게 어찌 인간의 도리를 들어 국가적 차원의 문화 흡수를 쉽게 할 수 있겠는가?

그렇다고 무조건 외면할 수는 없다. 대안으로 민간 차원의 자연스러운 문화 교류를 할 수는 있다. 21세기는 감성과 문화를 필요로 하는 시대이니만큼 경쟁에서 살아남으려면, 더더욱 문화 콘텐츠를 업

그레이드시켜 문화 강국으로 나아갈 수 있어야 한다. 그렇게 해서 국내의 우리 국민들과, 일본 및 외국에 거주하고 있는 우리 교포들이 국가의 시책을 기반으로 힘을 모아야 한다. 애국하는 길은 민간 외교관으로서 부단한 노력과 함께 입지를 넓히고 강한 힘을 갖추는 것이다. 다행스럽게도 한류 열풍이 계속되고 있으니 인적 물적 수준을 높여 문화 수출을 할 수 있어야 한다. 그런 것들이 우리 고유의 국민성인 동시에 지조 있는 선비 정신이라 믿는다. 사는 곳이 어디든 출신이 어떠하든 간에 우리의 올바른 국가관과 강한 실천력이 미래를 결정짓는다. 자존심을 걸고 최선을 다하자는 것이다.

어느 나라건 대다수가 아주 평범한 가운데 정치인이 아닌 일반인의 범주에 속해서 살아간다. 이런 국민을 이끌고 나가는 사람들이 그 나라의 기반을 세우고 국가의 입장을 결정한다. 일본 역시 마찬가지여서 일반인들에게 그 책임을 묻고 맹목적으로 거부 반응만 보일 수 없다. 그렇다면 국가의 장래와 정책과 진로를 결정짓고 문제 해결이 가능한 선상에 있는 사람들이 나서야 한다. 그렇게 일본으로부터 국가적 사죄와 배상을 받고, 남은 국민들은 맡은 일을 열심히 하면 되지 않을까. 그것이 곧 역사든 대중문화든 동등한 입장에서 전달된다면 제대로 된 파급효과를 기대할 수 있지 않을까. 그렇게 이루어지는 문화 교류라야 지극히 자연스럽고 원만한 이웃나라로 가는 길일 것이다.

둘,

KBS1 〈여성공감〉이라는 프로그램에서 '친정 엄마'라는 주제를 놓고 패널 몇 사람과 함께 얘기를 나누는 시간이 있었다. 엄마들이 딸들에게 가장 많이 하는 말은 "너도 이다음에 딱 너 같은 딸 낳아서 키워 보렴.", "밥은 챙겨 먹었니?", "딸 가진 죄인이다."라고 한다. 반면 딸들이 엄마에게 가장 많이 하는 말은 "나는 엄마처럼 안 살아.", "엄마 이번 주에 나 좀 도와줘.", "엄마 때문에 못 살아."라고 한다. 이런 주제를 놓고 경험을 위주로 얘기를 풀어 나가는데 몇 가지는 공감을 하겠고 몇 가지는 '정말 그런가?' 싶었다.

이 세상 모든 엄마와 딸들은 너무 친밀해서 도타운 정과 함께 숨을 쉬는 것만큼 많은 갈등도 있다. 그런데 엄마라고 부를 때와 내가 엄마로 불릴 때 친정 엄마에 대한 느낌이 확연히 다르다는 얘기에는 전적으로 동감이었다. 나 역시 엄마라는 공감대 외에 약간의 이질감이 있었다. 그런데 아이를 낳고부터 엄마라는 존재가 훨씬 더 친근하게 다가왔다. 나와 같은 딸이면서, 엄마면서, 여자라는 생각이 마치 조각칼로 나머지 부분을 도려내 버린 것처럼 확연하게 다가왔다.

한 패널은 결혼한 다음 해에 엄마가 돌아가셨는데, 자신이 낳은 아이로 인해 행복할 때마다 엄마에게 보여 드리며 행복을 함께 느끼고 싶어서 "꿈속에라도 꼭 한 번만 다녀가시라."라고 애원한다는 얘기에 결국은 나도 울고 말았다.

나 역시 무던히도 나를 귀애하시던 할머니를 몹시도 꿈속에서 뵙기를 희망했던 적이 있기에 감정 이입이 되었는지 가슴이 먹먹했다.

그 자리에 함께하는 사람들의 눈자위와 코끝이 붉어지는 모습을 보면서 방송의 위력을 새삼 느꼈다.

엄마는 그런 것 같다. 언제 어디에 있건 간에 나도 모르게 부르게 되고 찾게 되는 거의 신적이고 종교적인 대상. "신이 모든 인간을 보살필 수 없어 어머니로 하여금 돌보게 했다."라는 말이 있는데 참 적절한 표현 같다. 아이를 길러 본 엄마라면 공감하는 얘기라고 생각한다. 아이가 열이 나서 가쁜 숨이라도 몰아쉬면 그 숨을 가져오려 가까이 볼을 맞대고 몸으로 아이의 열을 식히지 않았던가. 그렇게 밤을 꼬박 새면서도 아이의 안녕만 중요할 뿐, 빨간 눈과 뻣뻣한 허리로 버티며 부족한 잠에 대해 불평하지 않던 기억들을 엄마라면 모두 가지고 있을 것 같다. 그 기억마저도 행복의 편린으로 여기는 이 세상 모든 엄마들을 떠올릴 수 있는 시간이었다.

얼마 후 같은 프로그램에서 '아버지와 딸'이라는 주제를 놓고 여담을 나누는데, 그 경우도 '엄마와 딸'과 별반 다르지 않았다. 친밀감 내지는 갈등이 적절하게 섞이는 관계. 딸이어서 무조건 사랑받았거나, 남아선호 사상이 뿌리 깊은 봉건적인 분위기에서 외면받았던 이 세상 모든 딸들. 그들에게 '아빠'로 혹은 '아버지'로 존재하는 분들이 그곳에 있었다. 그 딸들이 자라서 배우자를 고를 때 전자의 경우에는 '닮은 사람'을, 후자의 경우에는 '정반대의 사람'을 찾는다고 하니, 태어나서 처음 접하는 아빠가 남성성을 대변하는 모델이 되는 것이다. 그런데 아이러니는 피하고 싶었던 딸들조차도 살아 보니 결국 배우자가 아버지와 닮은 사람이더란다.

아버지로 불리는 이 시대의 남성들은 사랑하는 마음을 표현할 줄 모른다고 한다. 오로지 가족부양의 책임 하나로 전력 질주 하느라 절름발이 인생의 주인이 되었다니 참 씁쓸한 일이다. 딸에게 사랑한다는 표현을 충분히 했던 아빠들 역시 사회적인 분위기와 제약에 얽매여 자연스러운 삶을 살지는 못했다. 그런 우리의 아버지들에게, 방송의 표현을 빌리자면 “아버지들의 가슴은 먹칠을 해 놓은 유리병과 같아서 그 안을 들여다볼 수 없으나, 깨지기 쉬워 상처받았을 것.”이라는 말이 설득력 있게 다가왔다.

내가 ‘아빠’라 부르는 ‘아버지’ 역시 가슴에 가득한 사랑을 있는 그대로 보여 주지 못했다. 딸들이 좋아하는 음식이나 과일을 사 가지고 올 때도 “오다 보니 눈에 띄어서~”라거나 “지금이 제철이어서~”라고 말끝을 흐린 것은 오래전부터 이어진 틀을 버리지 못한 습성이었으리라는 이해를 하게 된다.

방송을 통해 모녀간과 부녀간을 확인하게 되는 가운데 그리워서 더러는 죄스러워서 눈물짓는 이 시대의 딸들이 바로 우리들이다. 그 중에 한 명인 나 역시 표현에 익숙하지 못하다. 이런 우리들을 위해 모든 표현을 대신 불러내는 방송의 힘은 ‘이 시대의 드러난 공로자’라고 말하게 한다. 위의 방송을 보면서 ‘이 프로가 끝나면 바로 전화해야지.’ 했는데 못 하고 말았다. 왜 나는 표현에 이리도 인색한 것인지. ‘표현 결핍 세대인 부모로부터 유전인자를 물려받은 것인가? 아님 유교적인 문화 속에서 엄격하게 길러지다 보니 그러는 것인가?’

어느새 핑곗거리를 찾는다. 이 세상 모든 딸들은 밉지 않은 도둑인가 보다. 어려서는 부모의 마음을 훔치고 나이 들어서도 부모가 베풀었던 봉사와 희생도 훔치는.

셋,

몇 년 전부터 외국에서 살고 있는 친구의 “한국 신문이나 방송 같은 것을 보면 왜 그리 외모에 관심이 많은지 모르겠다. 외모와 관련된 아주 많은 분량의 광고와 반복되는 취재가 있어서 놀라게 된다.”라는 말에 그런가 싶어 챙겨 보다 보니 과한 표현이 아니었다. 사회의 전반적인 분위기를 끌고 가거나 유도하게 되는 방송의 힘에 대해 이의를 제기할 사람은 많지 않을 것이다. 그만큼 사회 전반적인 부분에 방송이 미치는 영향이 크고 넓고 깊다.

‘외모 지상주의 = 젊음 지향주의’, 남녀노소를 막론하고 너무 보이는 것에만 치중한다. 이와 맞물려 ‘성형 열풍’과 ‘동안 열풍’이 너무 오랫동안 불고 있다. 사회가 젊음을 요구하는 시대라 그렇다고는 하지만, 세상이 거꾸로 가는 것 같아 어지러울 지경이다. 한참 풋풋한 10대들은 어른 흉내를 내느라 바쁘고, 사회의 기틀을 세우고 도리를 지켜야 할 어른들은 어려지기 위해 안간힘을 쏟고 있다. 아이가 아이답지 않고 어른이 어른답지 않은 이 사회. 그렇게 달려가면 앞에 무엇이 있을까?

몸짱이야 건강 문제와 맞물려 있으니 그럴 수 있다 하자. 하지만 외모는 다르다. 동안童顔은 사전적 풀이를 하면 '아이의 얼굴'이다. 노소老少가 구별되어야 함에도 불구하고 모두 아이 같은 얼굴의 주인이고자 한다는 건 뭐가 잘못되어도 한참 잘못된 일이다. 겉은 팽팽하고 속이 주름진 것보다는, 겉은 주름이 있을지언정 속이 팽팽하게 살아 있을 수 있다면 훨씬 보기 좋은 노년이지 않을까? 편안한 표정의 주름진 얼굴이 얼마나 아름다운지 말해 주고 싶다.

아주 오래전 20대에 있었던 일이다. 등산을 가는 길에 우연히 버스 안에서 만난 노부부의 모습이 지금까지 내가 본 어떤 노인의 모습보다 아름답게 기억된다. 앞에 앉은 할머니가 뒤에 앉은 할아버지를 자꾸만 뒤돌아보며 미소 가득한 얼굴로 이야기를 나누는데 눈가에 잡히는 주름이 빛나 보였다. 그 모습을 보며 '나도 이다음에 저렇게 곱게 늙어야지! 그래서 저분처럼 사랑스러운 할머니가 되어야지!' 하며 60대를 기대했고, 지금도 여전히 기대한다.

그런데 방송에서는 자꾸만 주름 없이 나이 든 노인들에게 초점을 맞춘다. 마치 그것을 지상 최대의 목표로 삼아야 할 것처럼 사람들의 심리를 부채질하고 있다. 아무리 동안을 지키려고 주름을 당기는 수술을 해도 어린아이 같은 천진무구天眞無垢한 표정을 지닐 수는 없다. 그렇다면 어른만이 지닐 수 있는 세월의 깊이와 무게를 그대로 옮긴 표정을 자랑스럽게 여기면 안 될까?

뭐가 무서워서 그토록 질릴 정도로 동안에 목을 매는지 안타깝다 못해 안쓰럽다. 물론 나이 들어서도 고운 자태를 지닌 노인들이 선망의 대상이 되는 것을 어찌 뭐라 할 수 있겠는가? 하지만 나이 들어서 자랑할 일이 동안만이어서는 안 된다. 어떻게 살았는지 그리고 어떻게 살고 있는지를 포함한 삶의 깊이가 주목받아야 할 일이다.

정년 후에는 어떻게 살 것인가에 초점을 맞춰야 한다. 예를 들자면 사회 곳곳에서 손길을 기다리고 있는 많은 사람들을 위해 봉사활동을 할 수 있었으면 좋겠다. 내가 아는 분들 중에도 우리 농촌으로 시집온 외국인 여성들에게 한국어를 가르치거나, 몸이나 마음이 아픈 사람들에게 문학치료나 음악치료를 하는 분들이 있다. 그분들은 성형을 하지 않아도 우선 표정이 밝게 살아 있어서 아름답다. 그뿐만 아니라 봉사의 기쁨을 아는 사람의 표정에는 행복 너머의 당당함이 있다. 젊음에 우선하는 경험의 힘이 그들을 지탱할 뿐 아니라 세상을 이끌어 가는 저력인 것이다. 그럴 때 개개인의 모습이 아름다울 수 있을 것이다. 늙어서 세상의 일을 끝마친 완료형이 아니라 세상을 살아가는 진행형이 될 수 있도록, 외모가 아닌 속이 아름답고 전인적인 사람으로 살아가고 싶다.

- 2015년 동인지 발표

'근대역사문화도시' 시민으로

내가 이 도시에 살게 된 것은 1992년 1월부터였으니 어느새 햇수로 25년째 살고 있다. 신혼살림을 시작으로 아이 셋을 낳아 길렀으니, 우리 가족에게 제2의 고향이 된 곳이다. 그뿐만 아니라 1996년부터 이곳의 동인문학회에 가입되어 활동을 하다 보니 좀 더 깊숙하게 들여다볼 일이 많아졌다. 더더욱 관심을 갖기 시작한 것은 아이들 셋을 기르면서 청소년 회관에 있던 도서관을 이용하고, 운동을 하기 위해 날마다 우리나라 산책로 중 가장 길다는 길을 오르내리고, 자연 호수를 돌면서부터이다. '참 아름다운 도시구나. 자연 호수가 있는 도시가 우리나라에, 아니 세계에 몇 개나 될까?' 싶을 만큼 귀한 자연의 특혜라고 여겼다.

그렇다고 좋은 점만 본 것은 아니고 행정구역이 '시市'임에도 불구하고 가장 번화한 시가지가 너무 영세해서 '읍邑' 정도라고 느꼈다. 학생 때 배운 '국내에서 가장 넓은 평야에서, 일본은 그 쌀을 수탈하기 위한 목적으로 철로와 도로는 물론 수로와 심지어 공항까지 건설했다. 교통의 중심지'라는 박제된 생각에 갇혀 있다가 '근대역사문화도시'를 만든다는 뉴스를 접하게 되었다. 다른 도시에 비해 일제의 잔재인 '적산가옥敵産家屋'이 밀집되어 있는 곳이 바로 이곳이라는 사실도 알게 되었다. 그때까지만 해도 '적산가옥'을 둘러볼 엄두도 나지 않았고, 어떤 건물은 흉흉해 보여서 근처에 가기조차 꺼릴 정도로 낯설기만 했다.

그렇게 몇 년이 흐르면서 체계적인 고증考證과 보수補修를 거쳐 피폐疲弊하던 도시는 새로운 윤곽을 드러내기에 이르렀고, 대외적으로 '근대역사문화도시'라는 타이틀을 얻게 되면서 눈에 띄게 방문객들이 늘어 갔다. 뭔가가 맞물려 돌아가면서 도시는 활기를 띠기 시작했고, 마치 기다렸다는 듯이 각종 매스미디어를 통해서도 '근대역사문화도시'를 소개하는 프로그램들이 심심찮게 우리들을 설레게 했다.

국가적으로도 일제의 잔재라고 헐어 버리거나 은폐하기에 급급했던 건물들을 오히려 떳떳하게 오픈하여, '근대역사문화재'로 재생시키는 사업을 지켜보면서 뭔가 뿌듯한 자긍심이 생기기도 했다. '아무도 못 하는 일들을 우리 도시에서 하고 있다.'라는 생각이 든 것은 물론, '우리가 바로 그 중심에 있는 시민이다.'라는 의식이 서서히 자라고도 있었다. 그렇게 '근대역사문화도시'에서 시민으로 자리를 굳혀 가면서, 언제 어디서나 누군가 이곳에 대해 이야기하면 나도 모르게 귀를 쫑긋 세우거나 고개를 돌려 바라보게 될 만큼 애정이 생기고 있다.

혹자는 "적산가옥을 통해서 아픈 역사를 잊지 말자는 인식도 중요하다. 그것을 발판으로 이미 지나간 역사를 인정하고 뼈아픈 과거가 재발되지 않을 만큼의 힘을 갖기 위해서 내실 있게 미래지향적인 도시재생을 해야 한다."라고도 한다. 무無에서 유有를 창조하는 것이 아니라, 유有에서 유有를 드러내는 일이라서 쉽고도 어려운 일이다.

없는 것을 만들어 내면 비교 불가인 까닭에 평가할 수 없다. 그런데 있는 것을 가지고 무엇을 하려고 하면 옳으니 그르니, 맞니 틀리니 의견이 분분하다. 왜냐하면 사람들의 이원론적인 시각과 이해와 평가가 냉정하다 못해 자기중심적이기 때문이다.

보통의 경우 옛것에서 역사와 기억과 추억을 찾는다. 그에 따르는 모든 것들을 예스럽게 맞추게 된다. '적산가옥' 건물과 옛날 물건인 풍물로 꾸며진 도시 풍경과 심지어는 먹거리까지도 옛날식으로 만든 것들을 기획력 있게 연결시켜 상권을 만들다 보니 말 그대로 관광벨트가 형성된 것이다. 그런데 생각으로는 옛것을 찾으면서, 이미 편리하고 쾌적한 환경에 길들여진 현대인이다 보니 몸에 불편한 것은 힘들어하고 도외시한다. 그러다 보니 옛것에 대한 향수와 추억으로 마음에 드는 부분만 선취하고, 그렇지 않은 부분들은 쉽게 폄훼하고 외면해 버리는 것이다.

이러한 관광객들도 문제려니와 옛 건물들이 존재하고 바탕이 되는 도시다 보니, 그 시절부터 생활하던 현지인들을 중심으로 도시가 재생되지 못했다는 점도 고민하고 연구해 볼 일이다. 물론 그들에게 건물을 유지하고 지역을 발전시킬 만한 능력이나 자금력이 없다. 또한 거국적인 사업으로 민民과 관官이 합당한 결과를 만들어 내는 마당에 어쩌면 당연한 귀결일 수도 있다. 하지만 그들을 배제한 채 외부에서 힘이 들어가다 보니 주민들의 삶에는 '역사문화도시'로서의 제 기능을 못 하고 있다. 그러다 보니 문제가 하나둘씩 불거지고 있는 것이 현실이다.

예를 들자면 '철길마을'의 경우를 보아도 주민들이 끊임없이 찾아오는 관광객을 외면하고 심지어는 귀찮아하기 시작했다는 점이다. 그들로 하여금 생활 속에서 관광객을 대상으로 해설을 해 주거나, 간식이나 간단하게 요기를 할 수 있는 먹거리를 판매할 수 있도록 허가해 주었다면 생계에 직접적으로 도움이 되었을 것이다. 다시 말해 실속 있는 관광벨트로 만들었다면 주민들도 목을 빼고 관광객을 기다리며 맞이할 것이고, 나아가서는 더 깨끗하고 아름다운 동네를 유지하기 위해 솔선수범해서 적극적으로 임했을 것이다. 그런데 꿩도 알도 모두 외부인들이 챙겨 가는 현실이다 보니 강 건너 불구경하듯이 남의 일처럼 여기는 것이다. 우리의 일이고 우리의 것일 때 주민과 시민 모두가 발 벗고 나서는 알찬 사업이 될 것이다.

다른 예를 더 들어 보자면 이곳에서 소문난 음식점들 몇 곳이 유명세를 타고 있다. 그런데 특별하고 맛이 있는 것을 인정하고 들어간다 해도 '근대역사문화도시'다 보니 건물이 일단 너무 오래되어서 좁고 허름하다. 유명세를 쫓아 찾아온 관광객들을 수용할 수 있는 공간 확보조차 안 되는 실정이다. 그러다 보니 건물 밖으로 길게 줄을 서는 모습을 여기저기서 쉽게 볼 수 있다. 관광객들에게 불편을 주는 것이다. 심지어는 구경하기도 전에 진을 빼는 결과를 초래하여 눈살을 찌푸리는 것은 물론, 혀를 차며 지탄의 목소리가 높아지고 있다.

거기다 보태서, 도시를 방문하고 돌아간 후에 인터넷 블로그 리뷰 등을 통한 재평가에도 상당히 심각한 문제점이 보인다. 식당의 위생과 환경 면에서 기대 이하의 점수를 받는다는 부정할 수 없는 수치數値에 관심을 갖고 심사숙고할 일이다. 25년 전이기는 하지만 '영세하다.'라는 것이 이곳에 대한 내 첫인상이었다. 여행객들 또한 그런 느낌을 받는다면 다시 찾아오지 않을 것이다. 그렇게 일회성에 그치다 보면 미래가 보이지 않는 근시안적인 도시재생이며 관광정책이고 실패한 '근대역사문화도시'에 머무를 수밖에 없다. 따라서 대안 마련이 시급한 시점이라고 생각한다.

이미 존재하는 '적산가옥'의 유지·보수는 물론이고, 주변 환경 또한 깨끗하고 쾌적하게 만들기 위해 최선의 노력을 지속적으로 해야 할 일이다. 그리고 이곳을 대표하는 상품의 시장을 넓히기 위한 연구와 적극적인 활성화 방안이 우선되어야 한다. 더불어 이미 유명세를 타고 있는 상품을 중심으로 다각적인 연구 및 검토를 거쳐 투명하고 위생적인 환경을 만드는 것이 급선무다. 기본적으로 관광객의 접근성 유지를 위해 전문적이고 반복적인 관리·감독과 지역공동체의 열린 마인드가 반드시 필요하다. 타 지역에서는 당연히 '이미 검증되어 유명세를 타고 있는 상품을 원하고 우선한다'는 사실을 무시하거나 외면할 수는 없다. 때문에 계속해서 홍보하고 자리를 굳히는 가운데 또 다른 상품을 '대표 상품'으로 만들어 내는 노력이 필요하다. 다만 우리가 간과하지 말아야 할 것은 지역 상권을 보호하기 위한 각고의 노력이 필요하다는 점이다.

그중의 하나가 이곳을 찾아온 손님들을 대상으로 직접적인 홍보 효과를 기대할 수 있는 자리를 마련해야 한다. 시장을 넓히기 위한 방법은 이미 다른 지역에서 성공을 거둔 사례를 '벤치마킹benchmarking' 하는 것도 좋다. 따라서 밖에서까지 유명해진 상품은 아니지만, 우리들이 알고 있고 입소문으로 자리 잡은 상품들을 관광지마다 판매대를 마련해서 손쉽게 구입할 수 있도록 하는 것이다. 물론 향토적인 상품을 판매하는 전문 매장이 '근대역사박물관' 옆 '로컬푸드Local Food'에 자리하고 있기는 하다. 하지만 일부러 찾아가야 하는 번거로움이 있고, 또한 공간의 한계가 있기 때문에 많은 상품을 홍보하기에는 어려운 점이 있다. 그래서 관광지마다 마을별, 또는 상품별로 특성화시킨 품목들을 팔 수 있도록 판매대를 마련하여 가공품뿐만 아니라 농수산물까지 판매할 수 있도록 시장을 넓혔으면 좋겠다. 아니면 이미 자리를 잡고 있는 상권을 중심으로 상품별, 마을별로 '○○데이'를 만들어서 상품 진열을 하고, 판매금액 중 일부를 수수료로 상가에 내놓는다면 누이 좋고 매부 좋은 일이 아닐까? 그렇게 된다면 더불어 사는 지역사회가 될 것이다.

"'근대역사문화도시' 이곳은 인심 좋고 옛것을 아끼고 사랑하며 깨끗하기가 대한민국에서 제일이다."라는 소식이 여행객들과 텔레비전은 물론, 인터넷과 SNS 등에 도배되는 날이 곧 올 것 같다. 아니, 글로벌한 시대이니만큼 전 세계인들이 찾아오는 그날을 고대한다. 단 한 사람의 관광객이 찾아와 길을 묻더라도 길 안내뿐만 아니라 간단한 도시의 역사를 이야기할 수 있는 시민이 되기 위해 좀 더 노력해야겠다. 나는 언제 어디서나 그 누구라도 스토리텔링을 할 수 있는 '근대역사문화도시' 시민이 되고 싶다. '근대역사문화도시'로 선정된 만큼 당위성이 있는 가운데, 명성까지 갖춘 도시였으면 좋겠다. 그리고 21세기가 추구하는 과거를 통한 미래형 도시가 될 것이다. 그렇게 영원한 '근대역사문화도시' 시민으로 살고 싶다.

- 2015년 동인지 발표

보내는 마음 & 맞이하는 마음

올해는 가족 중 하나를 떠나보내고 새로운 가족을 맞이했다. 20년 지기를 보내고 새 식구를 맞이했다고 할 수 있다. 우리 가족의 일원이었다고 해도 과언이 아니다. 우리 아이들 셋을 키우고 대한민국 어디든 원하는 곳으로 데려가 주던 고마운 존재, 그 이상이 바로 자동차다. 우리 둘째하고 나이가 같은데 자동차는 93년 3월에 태어났고, 우리 둘째는 93년 11월에 태어났으니 형아, 아니 누나였다.

요즘 사람들이 반려동물 앞에서 엄마(아빠)나 언니(누나), 오빠(형) 등으로 자칭하는 것을 보면서 웃기도 했다. 오랜 시간 함께하다 보니 그 동물들이 가족 이상으로 느껴지는 것은 부인할 수 없다. 그렇다면 당연히 그런 호칭이 자연스러울 수밖에 없다. 자동차는 아이 셋을 기르느라 주로 내가 이용했다. 그래서 그녀라고 지칭한다. 그러다 보니 어느 날부터 자연스럽게 ○○○자동차가 이름이 된 것이다. 자동차 회사에서 붙인 이름을 그대로 부른 것이다. 그 느낌이 좋아서 부르다 보니 그냥 고유명사가 되어 버린 것이다. 20년 된 차라고 '세단'이라고 부르는 분도 있었으니 어쩌면 우리 자동차는 최상의 대우를 받은 차라고 할 수 있다. 그렇다고 아주 우대하고 아꼈느냐면 그러지는 못했다. 내 성격이 워낙에 털털하다 보니 청소를 자주 해 준 것도 아니고 치장을 시켜 준 것도 아니다. 다만 가족의 일원으로 여기며 마치 생명체처럼 여긴 것은 사실이다. 가끔 쓰다듬어 주기도 하고 대화를 하기도 했으니 말이다.

남편의 직장이 건설회사다 보니 많은 도시를 다녀야 했다. 이곳에서 91년부터 97년까지, 남편이 아파트를 짓는 동안 결혼하고 아이들 둘을 낳아 길렀다. 그리고 이후 대전 효동 현장을 시작으로 우리는 주말 가족이 되어야 했다. 방학 때마다 원룸에서 생활하는 그의 숙소가 우리 가족들의 둥지였고, 마치 소꿉놀이하듯이 번외의 생활을 할 때마다 자동차는 우리 가족의 소중한 다리가 되어 주었다. 생활에 필요한 물건들을 가득 싣고 먼 거리도 마다하지 않았다.

너무 장해서 일일이 열거해 보면 대전, 청주, 충주, 용인, 의정부, 수지, 철원, 서울, 용인, 전주를 오갔다. 전주를 끝으로 주말 가족을 접고 남편과 함께 살게 되면서 자동차의 역할도 줄었지만 여전히 든든한 동반자였음은 두말할 필요가 없다. 점차 자동차의 칠이 벗겨져 볼품없어지고 기운이 딸려 털털거렸지만 어디든지 당당하게 끌고 다녔다.

남편은 가족 모임에 가게 되면 한쪽 구석에 주차를 하려고 했다. 그럴 때마다 나는 당당하게 주차하기 편한 곳에 하자고 했다. 왜냐하면 우리 차의 모습이 전혀 부끄럽지 않았기 때문이다. 물론 여유가 있었다면 보통 사람들처럼 한동안만 타고 차를 바꾸는 일이 반복될 수도 있었겠지만 우리는 그러지 못했다. 하지만 꼭 그리했으리라고만 볼 수 없는 것이 평소 사람이건 집이건 차건 한 번 인연이 닿으면 끝까지 간다. 그래서 주변 사람들이 "언제까지 탈 것이냐?" 하고 물을 때 1초의 망설임도 없이 "멈출 때까지 타겠다."라고 힘주어 말하곤 했다. 그러다가 작년 10월 정작 폐차를 해야 할 상황이 되었다. 차에서 마치 경운기의 발동기 소리가 들리기에 정비소에 들렀더니 "폐차를 하십시오."라고 강력하게 권유했다. "고치는 비용이 중고 자동차를 사는 비용보다 오히려 높습니다."라고 했다. 잠시 망설였으나 고쳐 달라고 했다. 고비용을 들여 고친 후에 그 차로 참 많은 일을 했다. 어머님을 모시고 이 병원 저 병원 다닐 수 있었다. 결국 세상을 떠나신 어머님을 대신해서 홀로 계신 아버님 수발을 들기 위해 수없이 본가를 오가야 했다. 그렇지만 오래갈 수는 없는 일이었다. 자동차에서 뭔가 타는 냄새가 났다. 그뿐만 아니라 계속해서 기능이 저하되고 갑자기 멈추는 상황들이 나타나고 있었다. 그리고 결정적으로는 보험기간이 만료되었다. 우리는 중요한 결단을 내렸다. 결국 '폐차'를 하기로 결심을 한 것이다.

워낙 장한 일을 한 자동차에게 '폐차하게 되면 꽃다발 헌정을 하겠다'고 마음먹고 있었으나 막상 그러려고 하니 쑥스럽고 어색했다. 그래서 폐차 당일인 4월 30일, 꽃 피는 계절이라 바다 곁으로 뚫린 해안 도로를 시작으로 3시간 동안 꽃길을 달렸다. 혹여 가다가 멈출까 싶어 아주 천천히 다니다 보니 시간이 오래 걸렸다. 이윽고 오후가 저물 때쯤 폐차장에 자동차를 데려다주고 돌아서야 했다. 눈물이 핑 돌았다. 엉덩이를 토닥이는 마음으로 트렁크를 쓰다듬어 주면서 "그동안 고생했어, 고마워!"라고 말하며 돌아왔다. 사흘 정도는 거짓말처럼 '다시 보러 갈까?' 하는 생각이 들 정도로 그리움이 간절했다.

시간이 해결해 준다는 말이 달리 있는 것이 아니었다. 자연스럽게 마음이 진정되었다. 어차피 살아가야 하는 우리는 아버님을 뵈러 갈 때마다 차를 렌트해서 다녔다. 당분간은 그렇게 해 보자고 결정을 한 후였기에 나름대로의 변화에 적응하고 있었다. 자가용을 소유하는 것이나 필요할 때마다 차를 렌트하는 것이나 비슷할 것이라 생각하고, 즐거운 마음으로 시작했지만 3개월째로 접어들자 약간의 불편함이 느껴졌다.

음력 5월 21일, 친정아버지의 생신날 아침이었다. 리조트에서 모인 가족들과의 즐거운 한때로 날씨는 아주 좋아서 창문을 열어 놓고 무주의 기운을 받고 있었다. 그때 아버지는 빵빵한 봉투 두 개를 주셨다. "진즉부터 네가 타고 다니는 차가 마음에 걸려서 보고 있었는데, 며느리가 네 차부터 사 주라고 하더라. 네 시부가 홀로 계셔서 자주 내려가야 하는데, 어떻게 매번 차를 빌려서 타고 다니겠냐? 그러니 다른 생각하지 말고 꼭 차를 사거라." 하시는 뜻을 감사히 받았다.

어떤 말도 할 수 없어서 동생댁에게 "고맙네!"라고 말하고 받아 들었다. 작은딸이 늘 마음에 걸리시던 터에 차를 렌트해서 다닌다는 사실을 알고 마음을 주신 아빠도 그렇지만, 자신의 차를 먼저 바꾸지 않고 시누이의 차를 먼저 바꿔 주시라고 한 동생댁에게도 참으로 고마웠다.

그래서 감사하는 마음으로 매장을 돌아다니며 자동차를 물색하기 시작했다. 모든 매장을 차례대로 다니며 차종을 살펴보고, 가격대와 기능 및 성능을 알아보고 결정하는 데 시간이 2주가 걸렸다. 7월 24일 드디어 막 공장에서 나온 차가 우리 아파트 주차장으로 배달되었다. 며칠 동안 시운전을 해 보고 문제가 없으면 등록하라고 자동차

딜러가 안내해 주었다. 그래서 시키는 대로 타고 다닌 후에 아무 이상이 없어서, 7월 30일 월요일에 등록까지 마치고 나니 마침내 새 가족이 되었다.

이름을 따로 짓지는 않았다. 보낸 자동차처럼 그냥 자동차 회사에서 붙인 이름대로 부른다. 새 차가 나오고 나서 친정 부모님을 모시고 시승식을 하러 갔을 때 기분이 참 묘했다. 여러 감정이 복합적으로 밀려왔다가 가슴 안에 자리를 잡았다. 말로 담아내기에는 터무니없이 부족한 감정이었다. "더 주었으면 크고 좋은 차를 샀을 텐데 그러지 못해 미안하다." 하시기에 "더 주셨더라도 저는 이 차를 샀을 거예요~"라고 말씀드렸다. 그리고 감사하는 마음과 행복한 마음으로 타고 다닌다. 누군가 "새 차 뽑았네?" 하면 "친정 아빠께 선물받았어요."라고 어린 유치원생처럼 자랑을 한다. '쑥스럽기보다는 자랑스러운 마음이 조금 더 강하니 내가 미숙한 것인가?' 아직은 기계 성능과 작동법도 어리숙하기 이를 데 없다. 무엇을 만져야 할지 막막할 때도 있어서 순간순간 전에 탔던 자동차가 생각나지만 당당하게 귀한 선물을 타고 다닌다. '쉰두 살에 친정 아빠께 차를 선물받은 사람 있으면 나와 보라고 그래.' 속으로 자랑하며 뻐기는데, 그런 딸의 모습을 바라보는 아빠도 기분이 좋으신 듯 "박 여사 차, 좋다~" 하시기에 엄지 두 개를 들어 보이며 "아주 좋아요~" 했다. 묵은 것만큼 편하지는 않지만 새 맛에 기분이 좋은 것은 어쩔 수 없다. "묵은 자동차야, 잘 가. 그리고 새 자동차야, 만나서 반가워."

- 2012년 동인지 발표

복실이의 눈물

복실이는 언니네 애견이다. 3년 전 어느 가을, 업둥이가 아닌 업견으로 들어왔고, 그 사연을 실어 전혀 어울리지 않는 이름으로 불리기 시작했다. '업둥이는 내치지 않는다.'라는 속설 때문에 실내에서 길러야 하는 부담을 감수하고 기르기 시작한 것이다. '족보'가 있다는 애견을 "복실아! 복실아!" 하고 부르면서 말이다.

처음 얼마 동안은 주인을 찾아 주기 위해 여러 방면으로 수소문을 했으나 찾을 길이 없었다. 하는 수 없는 상황에서 깔끔한 성격의 언니는 힘들어했다. 동물 특유의 냄새 때문에 날마다 쓸고 닦고, 통풍하고, 목욕시키고, 배설물 치우고, 입맛 까다로운 식성까지 맞추느라 노고가 대단했다. 그러자니 누군가에게 줘 버리고 싶은 생각이 굴뚝같아도 마음이 약한 탓에 울며 겨자 먹기로 하루, 이틀, 사흘, 열두 달이 세 번 가는 동안 가족의 일원이 되어 갔다. 주인 발소리만 들려도 먼저 알고 현관에 나와 낑낑거리다가 문 열기 무섭게 품으로 파고들었다. 갖은 아양을 떨어 대고, 맛있는 것 먼저 달라고 찡얼거리고, 쫄쫄쫄 발뒤꿈치 좇아다니며 아는 시늉 하는 폼이 마치 막둥이 한 명 더 기르는 것 같단다.

애견 기르는 재미를 솔솔 느껴 가던 언니는 올봄 복실이가 새끼를 세 마리나 낳자, 한 마리는 우리 아이들에게 주겠단다. 나는 손사래를 치며 거절했다. 언니처럼 부지런하거나 깔끔한 성격이 아닌 터라 집 안에서는 키울 능력이 없었다. 또 실내에서 멍멍이랑 함께 생활해야 한다는 사실이 부담스럽기도 했다.

동물 애호가들이 들으면 나자빠질 얘기지만, 사람과 동물이 같이 먹고 자고 한다는 사실이 납득조차 안 되는 내가 어떻게 애견 대우를 하며 기르겠는가. 아이들은 “제발 데려다 기르자.” 하며 애절하게 매달리는데, ‘책임지지 못할 일은 애초에 시작도 말자’는 생각에서 과감하게 묵살해 버렸다. 그래도 미련을 버리지 못하고 매달리는 아이들에게 대안책으로 “마당 있는 집으로 이사를 하게 되면 우리 토종土種 강아지를 한 마리씩 기르게 할 테니 그때까지만 참으라.” 하고 손가락 걸며 약속해야 했다.

언니는 원하는 지인들에게 애견을 분양해 주었다. 복실이는 새끼들을 모두 떠나보내고 여기저기 찾아다니며 운단다. “개가 새끼 그리워서 운다.” 하는 말에 설마 했으나 우연히 놀러 갔을 때 보니 정말 복실이는 잘 울었다. 늘 눈가가 축축할 정도로 젖어 있었다. 처음 집에 데리고 왔을 때부터 자주 울었다기에 “무슨 개가 그리 청승맞냐?” 대거리하고 말았었다. 그런 복실이가 새끼를 하루아침에 모두 떠나보냈으니 얼마나 울지는 짐작이 가고도 남았다.

그런 복실이를 보면서 언니도 안쓰러워 안아 주고 눈물도 닦아 주며 “울지 마. 옛 주인 그리워서 우는 거야? 아니면 버림받은 것이 슬퍼서 그러는 거야? 네 새끼들은 모두 사랑받고 잘 있으니까 울지 마.”라고 하며 심중을 헤아려 보지만 알 수 없는 일이었다. 답답한 건 복실이나 언니나 마찬가지였지만 복실이의 눈물은 계속되었다.

버림을 받았는지 길을 잃었는지는 모르지만 사랑을 많이 받았던 것 같다고 했다. 항상 사람 곁에서 떨어지려 하지 않고 취향이 상당히 고급스럽단다. 먹이고 입히고 꾸미고 하는 데 들어가는 비용이 일반인은 상상도 할 수 없는 수준이라니 충분히 귀견이었을 수 있다는 생각이 들었다.

애견을 키우는 인구가 늘어나다 보니 애견 미용실처럼 애견에 관계되는 사업은 성공 신화를 만든다고 공공연히 말들이 많기는 하다. 병원에 데리고 가서 예방주사 맞히는 것도, 치료받는 것도 의료보험이 안 되니 형편이 어려운 사람은 기르고 싶어도 못 기르는 상황이다. 그래서 너도 나도 특별해지고 싶어서 그 야단법석을 피우는 것일까? 길러 본 적이 없으니 그 수준을 알 수는 없지만 '그런가 보다!' 하고 말았다.

어느 날은 텔레비전 뉴스를 보다가 경악을 금할 수가 없었다. 비싼 외화를 들여 수입해 온 애견들이 어떤 사연인지는 몰라도 수없이 버려지고 있었다. 건강하게 애교 부리며 외로움을 덜어 줄 때는 아기 기르듯이 아끼고 보살피다가, 병들거나 귀찮아지면 미련 없이 버린다니. 물론 길 잃은 경우도 있겠지만 그렇게 보기에는 무리수가 있는데, 몇 번씩 광고를 내 봐도 찾아오는 사람이 없단다. 그러다 보니 차고 넘쳐 나는 보호시설은 아수라장을 방불케 했다. 보호시설에서도 넘쳐 나는 숫자를 감당하기 어려워 최후의 수단으로 주사를 놓아 안락사를 시키는 광경을 보며 온몸에 소름이 돋았다.

아무리 말 못 하는 동물이라지만 한때 사람들의 가장 가까운 곳에서 사랑받으며 마치 혈육처럼 지냈을 것이다. 그러다 주인에게 버림받고 결국은 생으로 목숨까지 앗기는 애견의 말로를 보면서 언니네 복실이 생각이 났다. 늘 눈이 촉촉하게 우는 사연이 '혹시 사랑받다 하루아침에 버려지는 신세가 되어 원망과 그리움으로 그러나?' 싶었다. 정작 그렇다면 무척이나 서럽겠다. 그래서 눈물 마를 날 없이 울다 보니 아예 눈물샘이 고장 나 버렸는지도 모르겠다. 사랑을 줘도 우는 복실이를 언니네 가족은 안쓰러워했다. 복실이가 그 슬픈 기억을 잊어버리지 않는 한은 이 굴레가 언제까지고 계속될 것 같다. 어디 복실이뿐이겠는가. 복실이처럼 버려져서 우는 개들이 더 이상 없었으면 좋겠다.

그리고 비싼 외화를 낭비하며 애견을 사다 기르지 말고 우리 토종견을 기르면 어떨까? 토종견의 순한 눈매와 컹컹 짖는 소리의 익숙함과 편안함 그리고 안정감을 두고 뭐 하러 사서 고생을 하는지. 그러다 조건에 안 맞으면 버리는, 죄를 짓는 악순환을 왜 자초하는지 그 영문을 모르겠다. '복실이'처럼 우리 토종견을 기르며 어울리는 이름을 붙여 주자. 우리 가족이 기르는 복실이를 더더욱 사랑하자. 그리고 더불어 살기 위해서는 토종土種의 소중함을 알아야 한다. 우리 것이 세계적인 것이고 우리 것이 먼저다.

- 2013년 동인지 발표

*24년 현재 우리도 강아지 두 마리를 마당에서 기르고 있다.

뜨거운 여름날 피카소와 만나다

머리끝이 타들어 갈 만큼 뜨거운 여름날 덕수궁 돌담길을 뚜벅뚜벅 걸어 시립미술관으로 갔다. 그곳에 전시되고 있는 그림에 대한 궁금증과 약간의 기대 때문이었다. 그곳에서 내가 별종으로 여기던 피카소를 만날 수 있었다. 그가 파이프를 입에 물고 느리게 걸어 나와 내게 악수를 청했다. 생소하고 낯설어 슬며시 손끝만 내밀었으나 그는 당당하게 나를 이끌었다. 그리고 보라는 듯이 "나는 보는 것을 그리는 것이 아니라 생각하는 것을 그린다." 하고 말했다. 그런 피카소에게 나는 당황할 수밖에 없었다. 왜냐하면 그동안에 내가 지닌 편견을 바꿔 버릴 만큼 기상천외한 그의 일생이 거기에서 살아나고 있었다. 거칠 것 없고 숨기지 않는 가운데 단호하게, 그것도 입체적으로 말이다.

큰 글씨로 압축한 그의 인생은 "스페인 태생의 프랑스 화가로 초기에는 르누아르, 툴루즈, 뭉크, 고갱, 고흐 등 거장들의 영향을 받았다. 후에 입체파를 대표하며 20세기 최대의 거장이 되었다. 〈게르니카〉, 〈아비뇽의 아가씨들〉 등 수많은 역작이 있다."라고 굵고 명료하게 쓰여 있었다. 작은 글씨로 압축한 그의 인생은 여러 개의 드라마를 가지고 있다. 기록하기에는 너무나 방대해서 여기서는 생략한다.

20세기 최고의 통찰자, 피카소. 그에게 그림을 그린다는 것은 통찰을 의미했다. 그는 인간과 사물의 내면에 숨겨진 은밀한 의미를 파악하여 생명력을 지닌 그림으로 승화시켜 놓았다. 그는 동시대의 어느 누구보다도 자신이 살던 시대를, 사람을, 사물을 잘 보고, 제대로 보았던 사람이지만 그 자신은 괴팍하고 과격하고 비밀스러워서 도무지 예측 불가능한 사람이기도 했다. 그리고 지극히 보수적인 기존 화단의 성역과 싸워 신랄한 비평을 이겨 내고 자신만의 예술 세계를 확립시킨 고독한 천재이기도 했다.

나는 왜 그를 이해하기는커녕 단편적인 시각으로 보고, 모든 면을 매도에 가까운 폄하를 했는지 모르겠다. '다르게 생각하고 바라보고 표현하기'는 예술가의 기본 덕목인데, 그토록 깡그리 무시한 이유가 뭐였을까? 우선 낯선 기법으로 그려진 그의 그림은 예술이라기보다는 철부지 어린아이가 되는대로 그린 장난질 같았다. 어쩌면 괴기스럽게 보였다는 게 더 정확한 표현일 것이다. 어떻게 저런 발상을 했는지조차 의심스러울 만큼 한심하고 어처구니없다고 여겼다. 그런 그림에 열광하는 20세기 사람들의 안목이나 감각이 의심스러울 지경이었다. 그뿐만 아니라 그의 드러난 여성 편력은 불경스럽다 못해 같은 여자 입장에서 치욕스러웠고 급기야는 구제할 수 없는 이단으로 치부하기에 이르렀다. 그럼에도 불구하고 그를 거쳐 간 모든 여성들이 "그와 함께하던 때가 일생에 가장 행복한 시기였다."라고 말한다니 어불성설 같았다. 그리고 그를 사랑하다 투신한 여인들의 행태로 인해 마치 피카소가 사이비 종교의 교주처럼 여겨지기도 했다.

그러던 내가 그의 작품전을 보러 간 이유는 간단하다. 직접 만날 수는 없을지라도 작품을 통해서나마 내 눈으로 보고 재평가를 하고 싶었다. 그동안 교과서나 미술 잡지에서 보던 느낌과는 사뭇 달랐다. 그곳에 전시된 그림들은 낱낱이 그의 일생을 표현해 내고 있었다. 그가 "작가들이 글로써 자서전을 쓰듯이 나는 내 그림으로 자서전을 쓴다."라고 말한 그대로, 그의 작품을 이해하는 열쇠는 바로 그의 삶이며 사생활이었다. 그토록 극적인 삶을 살아온 그는 "나에게 미술관을 달라. 나는 그곳을 가득 채울 것이다."라고 할 만큼 많은 작품을 남겼으니 대단하다는 생각이 절로 들었다(그가 남긴 작품은 무려 4만 5,000점에 달한다. 회화 1,885점, 조각 1,228점, 도자기 2,280점, 스케치 4,659점, 3만 점에 달하는 판화 작품 등).

피카소는 사실적으로 그리는 것을 별로 중요하게 여기지 않았다. 다른 화가들과 달리 입체적인 형태를 중요시하여 다각도의 모습을 한 캔버스에 그렸다. 그렇게 탄생된 그의 입체주의는 추상으로 나아가는 길을 마련했는데 작가의 의도를 알고 보는 것과 모르고 보는 것의 차이는 컸다. 피카소는 "작품은 그림을 보는 사람에 의해서만 살아 있다."라고 말했는데 아마도 '자신의 주지적 시각을 역설한 것이 아닐까?' 싶다. 그래서 보았다. 내 느낌과 내 숨결로 살아나는 그의 삶을. 그의 작품은 20세기 최고의 역작으로 회자되고 있다. 그의 작품이 세기를 어우르는 것은 "나는 어린아이처럼 그리는 법을 알기 위해 평생을 바쳤다."라고 말했던 것처럼, 그가 솔직하고 거짓 없고 무모하고 과감하게 천진성을 잃지 않은 자기중심적인 아이같이 살았기 때문이 아닐까?

- 2013년 동인지 발표

이야기가 있는 여행으로의 초대

결혼 15주년 기념, 3박 4일의 여행을 마치고 돌아와 맨 처음 식사는 칼칼한 김치에 콩나물을 넣고 국을 끓였다. 시금치와 취나물을 담백하게 무치고 김장 김치도 적당한 크기로 썰어서 온전한 한식으로 먹었다. 여행 중 먹었던 음식은 익숙하지 않았고 겨우 나흘로는 생소하기만 했다. 뭐든지 기름에 달달 볶던지 강한 향이 가미되어 그 맛이 그 맛이었다.

첫째 날 새벽 일찍 출발, 인천공항에 도착해서 두 시간 가까이 걸려 수속을 마쳤다. 대한항공으로 중국 상해 '푸동공항'에 도착한 후 현지 가이드와 만나서 처음 간 곳이 우리 역사와 밀접한 곳이었다. 바로 '상해임시정부 청사'에 들렀는데 그렇게 좁디좁은 공간에서 한 국가의 정부 요인들이 상주했다는 사실에 콧마루가 찡했다. 그곳에서 1926~1932년까지 머물다 일본이 무력으로 상해를 점령하는 통에 쫓겨나야 했다. 좁은 공간에서 그 한이 그대로 전해져 오는 느낌이었다.

그리고 '윤봉길 의사'가 폭탄을 투하한 '홍구공원'에 갔는데 윤봉길 의사의 동상이 있어야 할 자리에 《아큐정전》의 작가 '노신'의 동상이 있었다. 우리 땅이 아니니 당연한 일이겠지만 아쉬웠다. 그래도 공원 한 곳에 한국인에게만 무료입장이 가능한 '윤봉길기념관'이 있어서 그나마 다행이었다.

첫째 날의 일정을 간단하게 마치고 밤에 고속도로를 달려 송나라 수도였던 '항주'로 가서 숙소에 들었다. 호텔은 아주 깨끗하고 좋았다. 다만 손으로 들고 사용할 수 있는 분사기가 없어서 조금 불편했는데 그건 여행하는 내내 어느 곳이나 마찬가지였다.

둘째 날은 송 대에 축조된 목조탑으로 남쪽 전당강 가에 있는 '육화탑'에 갔다. 겉에서 보면 13층, 안에서는 7층짜리 8각 탑이다. 전해 오는 전설에 의하면 '육화'라는 아이의 아버지가 어부였는데 그만 '전당강' 홍수에 휩쓸려 숨을 거두었다. 그러자 '육화'는 날마다 강에 나가 아버지를 돌려 달라고 돌을 던졌다. 그러자 그곳에 사는 용왕이 귀찮아서 소원을 들어주기로 했다. '육화'는 "이미 죽은 아버지는 돌아올 수 없으니 해마다 마을 사람들을 괴롭히는 '전당강'의 대역류를 그만 멈춰 달라."라고 소원을 말했다. 그 이후로는 전당강이 범람하는 일이 없어서 농민들이 평화롭게 농사를 지을 수 있었기에 '육화'를 기념하기 위해 세운 탑이라 했다.

다음으로 '서호 10경'을 배를 타고 둘러보며 뱃놀이를 했다. '서호'의 환경을 지키기 위해 휘발유 대신 전기와 수동으로 가는 배를 운행하고 있었다. '서호'에 얽힌 이야기도 재미있었다. 중국의 4대 미인(양귀비, 초선, 왕소군, 서시) 중 서시는 몸이 매우 허약해서 항상 얼굴을 찡그리고 살았다. 그런데 그 모습이 아주 아름답고 매혹적이어서 '서호'를 만들어 바칠 만큼 절세가인이었단다. '서호 10경'은 중국 지폐에도 있을 만큼 유명한데도 날씨 탓인지 풍경이 선명하게 보이지 않아서 소문만큼은 아니었다.

이어서 중국의 대표적인 차밭 고장인 '용정'에 들어가 '용정차'를 마시고, 1700여 년의 역사를 자랑하는 '영은사' 대웅보전에 자리한 19.6m 크기의 금빛 불상을 보고 입이 벌어졌다. 중국의 '문화대혁명' 당시 모택동 얼굴을 새긴 배지를 달아(불상도 공산당원이라는 표시를 했다) 그렇게 소실을 막을 수 있었다니 코믹하면서도 놀라웠다. 작은 내를 건너자 '비래봉'에 수십 개의 동굴과 수백 개의 불상 조각들이 인상적이었다. 영토가 넓어서인지 모든 것들이 규모가 커서 우리나라처럼 정적이고 아기자기한 맛은 없었다.

일정 중 마지막으로 중국 남송 시대의 '송성가무쇼'를 봤는데 최신 과학 기술과 웅장하고 화려한 무대의 규모가 대단했다. '송성가무쇼'의 시대적 배경은 남송 시대로 그 시기의 번창과 쇠퇴를 그리고 있는 악극이었다. 피날레는 세계 주요 국가들의 의상과 전통 춤사위와 음악을 통해 세계를 아우르는 무대가 마련되었는데, 우리의 전통의상과 춤과 아리랑을 접하는 느낌이 알싸하게 감동적이었다.

또 밤길을 달려 '소주'로 갔고 그곳에서 빠듯한 일정으로 부풀어 오른 발 마사지를 받았다. 난생처음 발 마사지를 받았는데 처음에는 너무 아파서 참기 힘들더니 받고 나니 온몸의 피로가 풀리는 것 같았다. 규모가 커서인지 종사하는 사람들이 많을 뿐더러 거의 20대 초반 정도 되는 것 같았다. 그런데 서부의 청년들이 동부인 상해 주변으로 몰려드는 이유가 워낙 빈부격차가 심해서란다. 상해에서 한 달 버는 것을 서부에서는 1년을 일해도 벌기가 힘들단다. 발 마사지가 끝난 후에 호텔로 갔는데 여행 중 가장 짧은 휴식을 취했다. 12

시 넘어 도착해서 새벽 6시에 모닝콜을 받아야 했으니까.

셋째 날 첫 방문지인 '호구산'의 '호구탑'은 오왕 '합려'의 묘지로 장례를 지낸 지 3일째 되는 날, 백호 한 마리가 나와 능을 지키다가 돌이 된 데서 유래했다. 산속(해발 38m인데 이 지방에서 가장 높은 산)에 동양의 피사탑으로 불리는 기우뚱한 탑이었다. 또 두 동강 난 '시검석'에도 전해 내려오는 이야기가 있었다. 중국 춘추전국시대의 오왕 '합려'가 명검을 시험하려고 바위를 내려치자 두 동강 났단다. 복숭아 모양의 바위를 '석도'라 부르게 된 유래도 들을 수 있었다. 그런데 하필 손오공을 초대하지 않았다. 화가 난 손오공이 잔치를 훼방 놓고 복숭아를 훔쳐 '화과산'으로 가던 도중 '호구산'에 천도를 한 개 떨어뜨린 것이 바위가 되었다. 그래서 많은 사람들이 안 좋은 일이 생길 때 '석도'를 만지거나 보듬어 무사하기를 빈다니 참 재미있고 그럴싸했다. 여행 안내원의 설명을 들으며 그곳에 있는 '천인석'을 보는 순간, 우리 삼국시대 고구려 번성기 때의 지도 모양과 비슷하다고 느꼈다. 안내원에게 그 얘기를 했더니 "관찰력이 놀랍습니다." 하며 "앞으로는 관광객에게 그 얘기를 덧붙이겠습니다."라고 했다.

이어서 〈풍교야박〉이라는 시 한 편으로 유명해진 '한산사'에 갔다. 장계라는 사람이 지은 '고소성 밖의 한산사 종소리가 야밤에 객선에 들리누나.'라는 내용의 시詩가 방문객들의 발길을 묶었다. 장계는 과거에 세 번이나 낙방하자 낙심하여 고향으로 가던 중 '한산사'에서 시 한 편을 짓는다. 그 시 한 편으로 사람들을 불러들일 만큼 문화적인 토대를 마련할 수 있는 그들의 안목에 고개를 끄덕였다.

비가 부슬부슬 내리는 가운데 중국 4대 정원 중 하나인 '졸정원卒政園'에 갔다. 그 규모가 정원이라기보다는 아름다운 동네 하나를 방불케 했다. 명나라 때의 충신 '왕헌신'이 뜻을 이루지 못하고 돌아와 '대광사'를 개축한 것인데, 바로 비단장수 '왕서방'의 아버지가 만든 것이다. '졸정원卒政園'은 동, 중, 서로 나뉘는데 그중에 중정이 여러 가지 기암괴석과 명나라식 건물들이 잘 안배되어 일품이었다. 어마어마한 정원을 보면서, 일본의 정원이 축소해서 집 안에 들여 놓는 것이라면, 중국은 정원을 만들어 집을 앉혔다는 느낌을 받았다. 반면 우리나라는 자연 속 절경을 찾아 누각을 앉혔다. 이렇듯 세 나라의 정원을 비교해 볼 때 이웃한 나라이긴 하지만, '각각의 민족성이 그대로 반영되었다.'라는 생각이 들었다. 중국인의 과장성과 일본인의 축소성과 한국인의 자연 친화성으로 이해할 수 있었다. 그 규모도 규모지만 전경이 대단했고, 겨울이라서 고운 빛이 없어 삭막했지만, 구석구석 앉혀 놓은 건물이며 연못이 오히려 눈에 깊숙하게 들어왔다.

오후에는 '상해'로 향했는데 도로마다 각종 광고판이 눈에 띄었다. 낮에 도시를 옮겨 가는 것이 처음이라 주변 풍경을 여유롭게 바라볼 수 있었다. 워낙 넓은 대륙이어서 그런지 눈에 들어오는 것이 온통 벌판뿐이었다. 상해의 포동과 포서를 나누는 '황포강'을 지나는데, 그 깊이가 9m 정도고 폭이 1.5㎞라 했다. 기억할 만한 일은 황포강의 환경을 위해 강 위로 다리를 놓는 대신 강 아래로 지하도를 뚫었다는 것이다. 뒤늦게 개발하는 장점이라고 생각했다. 앞선 경우를 종합적으로 분석한 후에 설계하고 건설하니, 자연 친화적인 개발이 가능할 수 있었을 것이다.

'남경로'에 갔을 때는 밤이어서 화려한 야경이 먼저 눈에 들어왔다. 마치 우리의 명동이나 강남 번화가를 보는 것 같았다. 상해 최대의 쇼핑 거리라고 했다. 그곳의 네온사인은 또 다른 중국의 모습을 드러내고 있었다. 마치 무섭게 일어서고 있는 중국의 심장 박동 소리가 들리는 것 같아 주의 깊게 살펴보았다. '한 가정 한 자녀' 계획 아래 왕자와 공주처럼 자라난 중국의 신세대들은 부러울 것이 없다는 듯이 활개를 치고 있었다. 그런 추세로 발전에 발전을 거듭한다면 머잖아 세계 경제를 주무르는 날이 올 것 같은 위기의식이 들었다. 이어서 '외탄'의 전경을 둘러보고 상해의 자랑인 서커스를 보았다. '상해쇼'는 어제 본 '송성쇼'와 다르게 스릴이 넘치는 갖가지 묘기와 인간의 한계를 가늠할 수 없게 하는 기예奇藝의 각축장이었다. 그 쇼를 끝으로 중국에서의 마지막 밤을 보내기 위해 호텔로 갔다.

마지막 날에는 전날 본 '졸정원'에 비해 규모가 작은 대신 아름답기로는 한 수 위인 '예원'에 갔다. 자그마한 정원에 어찌 그런 아름답고 완벽에 가까운 풍경을 배치할 수 있었는지 놀랍기만 했다. 명나라 관료를 지낸 '반윤단'은 부친 '반윤'의 노후를 위해 정원을 만들어 바쳤다고 한다. 부모에게 효도하는 마음으로 지붕과 담에 용 문양을 만들려고 했는데, 그 당시 용 문양은 황제나 왕만 사용할 수 있었다. 그러나 '반윤단'은 용의 발가락이 다섯 개인 것을 감안해 발가락 네 개로 이무기를 만드는 지혜를 보였다. 그만큼 최고의 효도를 위해 만들었다는 '예원'은 어느 정원보다 다정다감한 모습을 하고 있었다. 그런 가운데 빼어난 기품까지 지녔기에 어떤 치장이나 규모로도 비적할 만한 정원이 없을 정도였다. 그곳의 사계四季를 모두 보고 싶은 욕심을 뒤로하고 남은 일정을 위해 서둘러야 했다. 일정의 말미에 '동방명주탑'에 들렀다. 동양에서 가장 높고 세계에서 3번째라는데 그다지 웅장해 보이지는 않았다. 그래도 관광의 목표 달성을 위해 초속 7미터인 엘리베이터를 타고 스카이라운지까지 올라갔다. 한 바퀴를 돌면서 상해의 사면을 내려다보았으나 황사로 인해 주변이 탁한 탓에 시야가 좁았다. 새로 만들어지고 있는 도시답게 울뚝불뚝했다.

이윽고 3박 4일간의 바쁜 일정이 끝나고 '푸동공항'에서 오후 2시 10분 비행기를 타고 인천공항에 내리니 5시 10분이었다. 한 시간의 시차로 인해 3시간이 걸린 것 같으나 실제로는 두 시간 비행이었다. 인천공항에 도착하는 순간 한 세기를 건너온 듯했다. 그곳은 이제 현대화를 위해 단거리 경주를 하느라 헉헉거리는 중이었고, 우리나라는 숨 가쁘게 달려와 한숨을 돌리고 있는 것처럼 안정적이고 쾌적했다. 아이들의 입에서 이구동성으로 "야! 우리나라가 제일 좋다!"라는 말이 터져 나왔다. 우리도 공기가 달라서 숨쉬기가 편했고 안도감이 들었다. "아빠 엄마 결혼 기념 15주년에는 중국 여행을 가요." 하던 아이들과의 약속이라 강행한 일정이었다. 나름 재미도 있었고 우리의 위치를 가늠할 수 있는 시간이었다. 로밍폰을 반납하고 이것

저것 수속을 밟다 보니 집에 도착한 시간이 밤 10시를 넘기고 있었다.

우리가 여행한 '상해, 항주, 소주'는 2월인데도 꽃 천지였다. 나는 개인적으로 '상해'보다는 '항주'가, '항주'보다는 '소주'가 마음에 들었다. 아마도 번화한 곳보다는 소박한 가운데 옛 정취가 그대로 남아 있는 도시가 마음을 편하게 했던 것 같다. 중국의 넓고 광활한 땅과 스케일이 큰 풍광들이 부럽기도 했지만, 우리나라 아름다운 금수강산만은 못했다.

이곳도 머잖아 꽃 천지가 되겠지만 아직은 바람이 차서 빛만 따사롭다. 그래도 우리 집 베란다 꽃들은 빈집을 지키며 어느새 봄을 맞고 있었다. 그중 천리향이 향훈을 가득 채우고 나들이에서 돌아오는 우리를 반겨 주었다. 이렇게 좋은 천리향은 고작 한 공간만 채우다 사라지니 아까웠다. 제대로 만들어진 정원을 보고 온 탓인지 베란다의 화초들을 정원에 풀어 주고 싶다. 다시 우리의 정원을 꿈꾸고 있는 중이다.

여행 후에 아쉬웠던 점은 짐을 간단하게 꾸리려다 보니 꼭 챙겨야 할 것을 제대로 못 챙긴 것이다. 갈아입을 옷 한 벌씩 넣고 세면도구 화장품 그리고 우비를 넣고 나니 밑반찬을 챙길 여유가 없어서 생략했다가 후회막급이었다. 요리의 대국이니만큼 모든 요리를 한 입 정도는 골고루 먹어 보려고 노력했지만 한계가 있었다.

인천공항에 내리자마자 트렁크에 실어 두었던 사과와 단감으로 입가심을 하며 역시 '신토불이'라는 생각을 했다. 비록 짧은 시간이었지만 음식에서 오는 이질감이 생각보다 컸다. 그래서 매 끼니마다 우리 음식의 깊은 맛을 음미하며 먹는 중이다. 여러 가지로 '우리 것이 소중하다.'라는 생각을 하게 된 계기였다. 어느 모로 보나 우리 것이 으뜸이었다.

두 달 동안 유럽 여행을 마치고 온 친구네 가족들도 그런 얘기를 했었다. 아이들이 "더 열심히 살아야겠다."라는 각오를 하더란다. 우리 아이들도 마찬가지로 그런 얘기를 하는데 "더 열심히 공부해서 우리나라를 빛내고 싶다. 그리고 두 번 다시는 나라 잃은 설움을 안 당하도록 힘을 길러야겠다." 하는 말에, 그것만으로도 이번 여행이 의미 있고 값어치를 따질 수 없을 만큼 좋았다. 아마 우리가 중심이 된 국가관이 건강한 가치관과 맞물려서 삶의 지렛대가 될 것 같다. 무섭게 꿈틀거리는 중국의 기세와 오랫동안 강국이었던 뚝심에 휘말려서 안 될 것 같은 위기의식도 챙겼다. 지금 우리가 국민 소득이 앞선다 해도, 지금까지보다 더더욱 야무지게 살아야겠다. 아주 야무지게-

- 2007년 동인지 발표

'헬무트 뉴튼전'을 보고

조선일보 미술관에서 2004. 7. 7.~2004. 8. 22.까지 전시되고 있는 '헬무트 뉴튼전'의 패션 누드사진을 벼르고 벼르다가 감상할 수 있었다. 전시관에 들어서는 순간 획기적인 누드사진과 그 배열에 충격을 받았다. 오랜 시간 동안 대중 잡지에 여체를 주로 찍어 실은 포르노가 버젓이 예술이라는 이름으로 전시된 것이다.

사진 속의 여성들은 너무나도 당당한 모습으로 관람자의 시선을 받고 있었다. 그들은 우리의 시각보다 좀 더 높은 곳에서 거만하고 도도하게 관람자를 역감상하고 있는 듯했다. 사진 속의 인물들은 원초의 모습으로 과장 없는 듯 과장을 품고, 그래서 더 현실감 있는 날카로움으로 시대적이고 역사적인 모순을 예의주시하고 있는 듯했다. 어떻게 부끄러워할 수 있는 상황에서 그런 표정을 지닐 수 있는지 의아해하며 사진을 주시했다. 그때 내 눈에 잡히는 "카메라는 속이지 않는다. 그러나 내 카메라는 언제나 나를 속였다."라고 역설한 '헬무트' 그 자신의 고해성사가 하나의 답을 던져 주었다.

그는 지극히 자연스러움을 가장한 필연적 메시지를 모델마다 표출해 보일 수 있게끔 연출한 자존심 강한 사진작가였다. 그의 작품세계를 이해하기 위해서는 그의 성장환경을 먼저 이해하는 것이 좋을 것 같아 기술한다.

그는 베를린에서 1920년 10월 31일 단추 공장의 사장으로 성공

한 아버지로부터 태어났다. 부유한 아버지를 둔 덕분에 12살 어린 나이에 카메라를 가질 수 있었던 그는 자연스럽게 사진의 세계에 빠져들 수 있었다. 그 당시의 자유롭고 지적인 베를린에서의 유년기는 평생 그의 사진에 영향을 미쳤다. 그는 16세에 학교를 마치고 당시에 유명했던 패션, 인물, 누드사진 전문가 '이바Yva' 밑에 견습공으로 취직한 후 자신의 재능을 찾을 수 있었다. 그 후 1938년 나치의 탄압을 피해 싱가포르로 이주하여 《Singapore Straits Times》의 사회부 보조 기자로 잠깐 사진을 찍을 때 그는 사진에 흥미를 느끼기 시작했다. 아주 효과적으로 만들어진 것들의 실재를 기록하는 사진의 특성에 감동을 느낀 것이다. 그는 싱가포르와 호주를 거쳐서 런던에 입성한 뒤에 바라던 대로 《Vogue》에서 패션사진을 찍게 된다.

이후 그는 프랑스, 이탈리아, 독일, 미국 등지에서 셀 수 없이 많은 패션잡지의 사진을 찍었다. 이후 1985년 몬테카를로로 이주하여 많은 창작 활동을 했다. 2000년 베를린 국립현대미술관에서 회고전을 한 후 일천여 점이 넘는 작품을 베를린시에 기증했고 2004년 1월 23일 83세의 나이에 자동차 사고로 사망했다.

사진이라는 매체와 누드를 통해 표현하고자 했던 그의 다양한 시리즈들을 감상하면서, 유교적 관습의 우리에게는 표면화되지 않은 성姓의 정체성을 떠올리게 했다. 성에 있어서 상당히 조심스러운 우리 문화에 얼마만큼 다가올 수 있을지 내심 걱정스러웠다. 또한 그 사진들을 보면서 관찰자인 나 자신의 속물근성俗氣을 보게 될까 주저하기도 했다. 그러나 그것은 기우에 지나지 않았다. 미술관이라는 장소가 사진의 예술성을 투영시켰는지 아니면 작가의 의도에 많은 감상자들이 매료되고 인도되었는지 시종일관 진지하고 열정적으로 가이드의 작품 해설을 참고삼아 관람할 수 있었다.

외설猥褻로 볼 수 있는 작품 속 정황들조차 신선한 충격을 주었고 더 나아가서는 정결함까지 연상시켜 주었다. 특히 인상적이었던 사진은 한 장소에서 똑같은 배우가 똑같은 포즈로 누드와 패션을 대비시킨 사진이다. 인간이 지닌 미세한 감성을 일깨워 낸 그의 예리하고 지적인 감각을 실감할 수 있었다. 그 외에도 사람과 마네킹의 누드를 통해 생명의 실체를 잡아내고 있었다. 정형외과 시리즈를 통해서는 고착화될 수 있는 이미지에서 작가가 얼마만큼 효과적인 감동을 찾아낼 수 있는지 은근하게 과시하고 있었다.

그중에 가장 중요한 것은 다양한 피부를 지닌 모델을 통해 전 인류적인 감정과 세계 공통어를 에로틱하고 사랑스럽게 표출하고 있다는 것이다. 그는 사랑 그 자체를 우리에게 메시지로 전하고 있는 것이다.

페미니스트들에게 “여성의 성性을 비하하고 상업적으로 이용한다.”라는 질타를 당하기도 하는 ‘헬무트 뉴튼’. 그러나 그는 여성과 남성을 통해 인간을 그만의 방식으로 표현하고 싶었던 것이다. 포르노 사진작가라는 선입견 없이 보이는 그대로를 바라보면 우리가 살아 있다는 것을 느끼게 했다. 우리가 많은 신경세포로 이루어진 생명체라는 사실과 맞물려 근원적 동력이 깨어날 수 있게 했다.

그의 작품 속의 다양성이 작위적이고 근시안적인 구별의 한계(여성, 남성이 아닌)를 뛰어넘고 있다. 그의 작품 속에서는 단순히 여자와 남자를 표현하는 것이 아니라, 아름답고 원초적인 생명체 그 자체를 표현하고 있는 것이다. 즉 양성兩性을 통해 시대적 메시지를 강력하게 호소하고 있는 것이다. 이제부터라도 여성적 시각이 아닌 인간적인 시각에서 볼 수 있었으면 좋겠다. 페미니스트가 아닌, 이 세상 모든 휴머니스트들을 위하여. 인체를 통해 그토록 많은 표정들을 찾아낼 수 있다는 사실만으로도 그의 누드가 미술관에 전시될 수 있는 작품이라고 자신 있게 말하고 싶다.

최소의 연출로 최대의 효과를 이끌어 내는 그의 기법에 놀랐다. 그리고 다양한 표정이 예리한 연출력이었다는 사실에 더욱더 갈채를 보낸다. 왜냐하면 우리도 그의 카메라에 속았으니까. 나도 '헬무트 뉴튼'처럼 누군가가 속는 줄도 모르게 속일 수 있는 그런 작품의 주인이고 싶다는 열망을 가슴속에 챙기며 특별한 감상을 마칠 수 있었다. 전시 마감 이틀 남긴 무더운 여름 오후에.

- 2004년 동인지 발표

제2부

다정多情도 병病

- 한낮의 정원庭園

1. 이름 모를 풀들을 위하여
2. 빼어난 새鳥
3. 가을, 숨 쉬다
4. 삼 형제 이야기
5. 우울증
6. 아쉬운 마디를 다행多幸으로
7. 부모님 합제合祭 날에
8. 무엇이 중한가
9. 어떤 배우

이름 모를 풀들을 위하여

우리 집 마당에는 이름 모를 풀들이 살고, 짙푸른 초록빛을 배경으로 햇빛이 어우르는 곳에는 많은 새들이 날아와 부리로 쫍니다. 햇빛 아래서 이를 지켜보느라 가늘게 뜬 눈에 잡히는 것은, 오랫동안 오지 않던 두꺼비가 오랜만에 마당을 엉금엉금 기어다니는 모습입니다. 얼마나 반갑던지 말을 걸어 보지만, 대답 없이 엉거주춤 숨만 쉽니다. 우리 집 마당에서 살던 두꺼비가 어머님 떠나신 후로는 보이지 않더니, 이렇게 다시 찾아왔으니 좋은 일이 생기려나 기대하게 됩니다. 작은 풀꽃들이 피어나고 민들레도 시도 때도 없이 핍니다. 홀씨들이 날아다니는 사이로 노랑나비, 흰나비가 춤을 추니 마치 꿈동산 같아서 포근하고 뿌듯하고 어여쁩니다.

이른 아침에 눈이 떠져서 너무 웃자란 풀을 베고 있을 때 이웃집 어르신이 "약해 불면 깨깠하고 좋은디~"라고 한마디 거들지만 꾸벅 인사로만 대답을 대신 했습니다. '천국 같은 마당을 보려면 이 정도는 감수해야지요.'라는 속마음은 말하지 않았습니다. 일을 끝내고 되돌아서면 다시 베어 줘야 하는 노고가 남들이 보기에는 답답하고 미련하게 보일지도 모릅니다. 그러나 작은 꽃들이 피고 지는 속에 나비와 새들과 두꺼비까지 놀러 오는 재미를 몰라서 하는 말이지요. 콘크리트 보도블록을 깔고 사시는 분께 미주알고주알 설명하는 수고를 아끼면서 풋풋한 풀 내음을 맡으며 베어 나갔습니다. 며칠 후면 또 베어야 하는 수고로움이 진을 치고 팔목, 어깨, 종아리, 등에 파스로 도배를 하겠지만, 내 노고로 그들을 맞이할 수 있다면 기쁜 마음으로 행할 것입니다. 시골살이의 매력 중 하나가 '자연을 가까이할 수 있다'는 것인데 제초제 하나로 날려 버리기에는 너무나 아깝고 귀한 꿈동산입니다.

물론 곡식이나 작물을 키우다 보면은 때로 손쉬운 방식의 유혹에 현혹되기도 합니다. 하지만 키우는 방식이 채소의 맛까지 좌우한다는 것을 알기에 그러지 않습니다. 퇴비만으로 키운 결과물을 기억합니다. 예를 들자면 잘 자라지 못한 작은 배추로 담근 김장 김치가, 두 손으로 들기에도 무거운 큰 배추로 담근 김치보다 깊고 고소한 단맛이 있으니까요.

한번은 우리식으로 기른 배추만으로는 양이 부족할 것 같아서 몇 포기 더 사다가 담그면서, '이렇게 농사지은 농부는 자랑스럽고 행복할 것'만 같았습니다. 그런데 같은 양념으로 담근 김치인데 맛은 전혀 다르다는 사실에 내심 놀랐습니다. 농약도 안 하고 비료 또한 주지 않아서 제대로 크지 못했지만, 고소하고 달아서 그 자체가 양념이라는 사실을 알고부터 크게 키우기 위해 노력하는 것이 능사는 아니라는 것을 알았습니다.

올해도 밭을 트랙터로 갈 때 퇴비는 충분히 뿌렸기에, 각종 모종과 고구마 순을 심으면서 비료는 따로 주지 않았습니다. 고구마 농사 3년째이니 깊지 않은 경험이지만, 모두들 흉작이라던 전년도에도 그런대로 결실을 거두면서 '초보 농사꾼을 하늘이 도왔구나!' 싶어 감사하기 이를 데 없었습니다. 올해도 전년도와 크게 다를 바 없지만, 제초제 대신 정성을 다하고 하늘의 도움을 바라며 믿어 보려 합니다. "초보 농사꾼은 하늘이 돌본다."라는 말이 있는데 '제대로 배울 수 있을 때까지 부축하는 것이 아닐까?' 싶습니다. 아기도 태어나 아장아장 걸을 때까지 온갖 정성으로 돌보듯이 말입니다.

다시 마당 이야기로 돌아와서 어머님이 계실 때는 단 한 포기도 없도록 마당에 풀을 뽑았습니다. 아버님만 계실 때부터 "제초제를 해 불제."라는 주변인들의 권유가 빗발쳤지만, 슬리퍼를 신고 다니시는 아버님께 해가 될까 싶어서 우리 부부는 열심히 뽑았습니다. 그러다가 아버님까지 떠나시고 빈집이 되었을 때도 일 년에 최소한 서너 번은 예초기로 베어야 웃자라는 풀들과의 전쟁을 끝낼 수 있었습니다.

심장에 다시 탈이 난 남편을 위해 시골에서 살아가기를 결정하고, 올봄부터 일주일 중 나흘은 이곳 농촌에서, 사흘은 그곳 도시에서 지내게 되었습니다. 바로 4농 3도의 생활이 시작된 것이지요. 과실수들을 심어 놓은 밭과 농작물을 심어 놓은 밭을 틈틈이 가꾸고 있습니다. 그 와중에 마당의 풀들도 예초기 대신 낫으로 야금야금 토끼가 풀을 뜯듯이 베어 줘야 합니다. 그러다가 발견한 꿈동산을 위해 한땀 한땀 수를 놓는 마음으로 웃자란 풀을 베어 내고 있습니다.

쾌청한 날에 문을 활짝 열어 놓고 밖을 바라보고 있노라면 세상천지가 모두 제 것입니다. 앞산 능선이 날아갈 듯 펼쳐지고, 음영 짙은 녹색의 물결이 바람결에 나풀나풀 춤을 출 때 새들의 노랫소리와 태짓은 왜 그리 아름다운지요. 꼬리 긴 새 한 마리 날아와 빼어난 자태 뽐내다가 포로롱 날아가면 토실한 새 한 마리 총총 마당을 돕니다. 나비 날갯짓에 가던 길 잠시 멈추고 바라보는 양이 하도 귀엽고 우스워서 혼자 까르륵거리다가, 손등의 파스를 보면 스스로 철없는 아이 같아서 더 크게 웃게 됩니다. 이름 모를 풀들을 위하여 수고로움도 마다하지 않는 것이 아니라, 이름 모를 새들이 놀러 오는 마당을 지키기 위한 노력입니다. 그래도 말하기 쉽고 좋게 '이름 모를 풀들을 위하여'라고 합니다. 풀들이 사는 곳에 벌레들도 살고, 벌레들 사는 곳에 새들도 살고, 두꺼비도 살아갈 수 있으니까요.

20대까지는 밭에 뭐가 있는지도 몰랐습니다. 책 속에 빠져 살다가, 결혼하고 어머님이 지어 놓으신 채소를 솎아다가 함께 다듬는 것이 전부였습니다. 그러다가 40대 초반부터 더는 읽고 싶은 책을 마음대로 읽을 수 없는 노안이 되었습니다. 쉰이 되고서야 밭을 들여다보고 농사의 맛을 서서히 알아 가고 있습니다. 이 또한 세상의 이치가 아닐는지요? 부지런히 공부해야 할 때는 몰라도 되는 것들을 노년의 초입에서 들여다보고 재미를 느끼다니 예삿일이 아니라 묘하고 신기한 일인 것만 같습니다. 순리대로 그 이치를 배우고 알아 가는 지금이 참 좋습니다. 순리를 위한 시간입니다.

마당에 풀들이 있어 날마다 놀러 오는 갖은 새들의 노랫소리와 나비 날갯짓이 어여쁘니 하루가 어떻게 지나가는지 모르겠습니다. 또한 키순으로 피어나고 있는 민들레들의 향연은 어떻고요. 풀 없는 곳에서는 땅에 바짝 붙어서 피고, 풀 속에서는 키를 껑충 키워서 피어나는 양을 발견하면서 민들레라고 다 같은 민들레가 아님을 알았습니다. 종류가 달라서 다르게 피는 것이 아니라 한 마당에서도 환경에 따라 다르게 피어날 줄 아는 풀들의 지혜로운 순응을 배웁니다. 힘없는 것 같아도 어느새 민들레의 영토입니다. 곁을 내주는 것 같아도 사이사이 촘촘하게 뿌리를 뻗고 피었다 지는 홀씨들이 날아가 넓히는 영토가 지구를 덮지 않을까 싶습니다. 그러니 사시사철 핀 민들레의 영토가 우리 마당뿐일는지요?

심장판막 성형수술을 하고 십 년 만에 남편의 병이 재발했습니다. 남편의 건강을 위하여 제초제 대신 풀들의 머리카락을 곱게 이발하면서 휴식의 시간마다 특혜를 누리고 있습니다. 자라면 자라는 대로 더벅머리가 되기 전에 깔끔하게 베어 내서 보기 좋으면 잡초라고 불리지 않겠지요. 이름 모를 풀들을 위하여, 새들을 위하여, 건강을 위하여 삼박자를 맞춰 살아 나가겠습니다.

핏기가 없던 얼굴에 갈색빛이 앉으면서 건강하게 변화하는 모습에 한 번, 놀러 와 지저귀는 새소리에 한 번, 눈 시원하게 펼쳐진 초록 풀 속에서 노랗게 웃고 있는 민들레에게도 한 번, 하루에 세 번씩 눈 맞추며 웃다 보면 밝고 희망찬 삶의 주인이 될 수 있겠지요. 어쩌다 눈에 띄는 금빛 두꺼비에게 희망을 거는 대신, 날마다 변화하는 가운데 한결같은 우리 집 앞마당을 보면서 날마다 희망을 마주할 것입니다.

빼어난 새鳥

까치는 보통 검은빛과 흰빛을 띠고 있다. 60년 가까이 그런 까치만 보다가 작년부터 우리 집 대밭에 살고 있는 색다른 까치를 발견하면서 '어떤 새가 저렇게 생겼지?' 싶어서 지켜보기만 했다. 그러다가 비둘기와 닮은 회색빛이라 '비둘까치'라고 이름 붙였다. 날이면 날마다 대밭과 마당에 날아들어 먹잇감을 찾곤 했다. 내가 본 최대 숫자는 예닐곱 마리였으나 더 많을 수도 있다. 그런데 특이점은 어디에서도 본 적이 없는 빛깔과 모양이라는 사실이다.

우리는 익숙한 것은 흘려보내는 경향이 있다. 그러다가 '다름'이 포착되면 시선이 집중되는 것 같다. 검게 보였다면 흘려보냈을 까치가 회색빛이라 시선에 잡혔고, 관심을 가진 것이라고 해도 크게 틀린 말은 아니다. '검은색이어야 하는데 회색이라고?' 의아했고 궁금했고 약간의 혼란이 왔다.

남편 직업의 특성상 30~40대에는 수많은 지역을 돌아다녔다. 남편이 투입된 아파트 현장마다 방학을 이용해서 함께 지내다 보니 지역과 지역을 오가는 일이 빈번했다. 그러다 보니 주변과 자연을 두루 보고 느낄 수 있는 환경이었다고 해도 과언이 아니다. 계절과 계절이 바뀔 때 어떤 색채 변화가 있는지, 동이 틀 때와 해 질 녘 색감도 손에 잡힐 듯이 보고 느낄 수 있었다. 참새와 두루미, 까치와 까마귀, 기러기와 종달새 등을 직접 보고 TV 매체와 도감과 전문 서적

등을 통해서 접할 만큼은 접할 수 있었다.

그런데 최근에 발견한 모양의 조류는 본 적이 없다. 그래서 사진을 찍어 확인하기 위해 휴대폰을 들이대면 어느새 알아차리고 날아가 버리니 담을 수가 없었다. 어떻게든 사진으로 찍어서 어떤 새인지 알아보고 싶었다. 까치보다 날렵하게 생겼고 모양새는 까치와 비슷하다. 다른 점이라면 색이 회색이라 비둘기인가 싶어서 자세히 바라보면 아예 다르게 생겼다. 제 몸집의 세 배나 긴 꼬리하며, 작은 몸집이 제비만큼은 아니지만 날렵하게 생겼고, 태깃이 빼어나서 바라보기가 신선하고 어여뻐서 전혀 지루하지 않다.

이름이야 알아도 그만, 몰라도 그만인데 생전 처음 보는 새라서 더 궁금했다. 내 안목이 문제인지, 기존의 새인데 DNA의 이상으로 그렇게 변화된 것인지 모르겠다. 내 상식으로는 까치인 것 같은데, 그렇게 밝은 회색빛의 까치도 있는지 궁금했다. 그러다가 생각은 내 마음대로 할 수 있어서 마음껏 상상의 날개를 펼치며 날아다녔다.

우리 아빠 돌아가신 후, 꿈속에서 본 머리부터 발끝까지 차려입으신 회색빛 성장盛裝 모습이 떠올라 이번에는 '아빠새'라고 이름을 지었다. 양복은 물론 모자까지 연한 회색빛으로 한껏 차려입으신 우리 아빠 모습을 연상시키니 그리 불러도 되지 않을까? 그렇게 '아빠새'가 된 이름 모를 새는 날이면 날마다 우리 집을 오가고 있다.

예전에도 그런 일이 있었는데, 어머님께서 돌아가시고 황금빛 새가 가끔씩 날아왔다. 생김새가 접동새와 비슷해서 '어머님새'라고 이름 지었다. 일부러 명명식을 한 것은 아니지만, 어머님께서 돌아가신 후로 나타나기 시작했고, 홀로 날아와 심심찮게 내 눈을 사로잡았다. 그리고 이쁜 것을 좋아하시던 어머님의 성품대로 유난히 예쁜 모습으로 날아들었으니 자연스럽게 '어머님새'라고 부르기로 했던 것이다.

성품이 깔끔하고 부지런해서 밭이고 마당이고 풀이 자랄 새 없이 사셨다. 그뿐만이 아니라 뭐가 마음에 안 들면 "쥐똥 자반이네~"라고 마땅찮아하셨다. 그런 것으로 봤을 때 '여유로운 삶을 사셨더라면 취향껏 골라 상당히 미적 감각이 돋보이는 삶을 살지 않으셨을까?' 미루어 짐작만 할 뿐이다.

그러다 보니 남편과 둘이서 벌초를 할 때 "어머님 산소는 곱게 깎아 드려요."라고 꼭 주입을 시키는데, 간혹 예초기 날이 땅으로 파고들며 잔디를 훼손시키는 경우가 있다. 그럴라치면 어머님을 대신해서 "이발도 쥐똥 자반같이 해 주네~"라며 타박을 하게 된다. 곱고 예쁜 색을 좋아하셔서 한번은 핑크 레이스로 된 재킷을 사다 드렸더니, 단 한 번도 입지 않으셔서 내심 서운했었다. '내가 사 드리는 옷이 마음에 들지 않으신 건가?' 싶었다. 아뿔싸, 어머님이 떠나신 후 행장 정리를 하다가 어머님의 본심을 발견하고 어찌나 죄송하고 감사하던지. 상자에 한지로 곱게 싸서 보관하고 계셨다. 당신 떠나고 나면, 남은 자녀들이 볼 수 있게 농지기로 넣어 두셨다는 사실을 짐작할 수 있도록 두툼한 봉투까지 넣어 두신 도량을 보면서 넓고 깊은 마음을 느꼈다고나 할까?

새 이야기를 하다가 방향이 엉뚱한 곳으로 흐르게 되는데, 어머님 살아생전 황금빛 두꺼비가 살았었다. 우리가 수돗가에 있으면 엉금엉금 기어오기에 밥을 조금 주면, 어느 순간 깨끗하게 그릇을 비워내곤 했었다. 그런데 어머님께서 돌아가신 후로는 보이지 않더니, 우리가 시골집으로 들어온 작년부터 다시 황금색 두꺼비가 눈에 띄었다. 풀을 베다가 눈에 뜨이면 저도 놀라고 나도 놀라서 "두껍아, 어디 다치지는 않았니?"라고 묻는데 대답 없이 풀숲으로 숨어 버렸다.

내가 자기들 이야기를 하고 있는 줄 알고 어느새 부끄러웠는지 두꺼비와 새 모두 이제는 나타나지 않고 있다. '빼어난 새라고 부르니 어쩌면 쑥스럽고 어색했나?' 사람도 본인이 스스로 이쁘다고 여기는 순간 아름다움은 반감된다. '예쁜데도 스스로 예쁜 줄을 모를 때 아름다움이 배가되는데, 그 이유는 스스로가 예쁜 줄 알면 자만심이나 오만으로 치우칠 수 있어서'라고 생각한다. 이뻐도 이쁜 줄 모른 채 수줍어하는 모습은 소녀를 연상시킨다. 바로 꽃이 피어나기 전 꽃봉오리 같은 어여쁨이다. 그러다가 스스로 멋을 내고 꾸미기 시작하면서 꽃이 피고 나면, 서서히 어여쁨은 사라지고 이제 꽃이 지듯이 사그라질 일만 남았다고 할 수 있다. 사람이 우리네 삶에 스미고 녹아드는 것이 대체적으로 겸손하고 진실되고 진정성이 있을 때가 아닌가 싶다.

우리 집에 살고 있는 빼어난 새가 선물해 준 것들 중에 한 가지가 바로 생각할 수 있는 기회를 수시로 만들어 줬다는 것. '까치일까? 비둘기일까? 혹시 까치와 비둘기가 사랑해서 태어난 까비일까?' 이도 아니면 환경적인 문제로 색상 변이가 생겼을 수도 있고, 색상에서 오는 변이가 '빼어나다'까지 발전했을까?

젊어서는 회색 자체를 인정하지 못했다. 회색이 어떻게 나오는지를 알았기에 어중간한 그 색 자체가 불미스럽고 비겁하다는 생각을 했다. 흰색과 검정색에 양다리 하나씩을 걸쳐 놓고 있는 기회주의자 같았다고나 할까? 나만 그런 것이 아니라 한때 '회색분자'라는 말이 있을 정도였다. '자기 색을 분명하게 내지 않는 사람들에게 불손한 의도가 있는 것처럼 몰아간다'고 표현해도 될 정도로 사회 분위기가 양단으로 흘렀다. 반드시 획일적인 답을 요구할 때도 있었다. 지금은 획일적이기보다는 솔직한 자기 생각을 표현한다. 달라도 상관없다는 MZ세대들을 통해 절대적이지 않고, 획일적이지 않아도 되는 진일보한 사회가 되어 가는 것 같다.

그래서 그들의 생각과 행동이 멋지다. 그들은 가지지 못해도, 지닌 것이 없어도, 주눅 들지 않는다. '소확행'이라고 줄여 쓰는 단어가 지극히 일반화되었다고 할 수 있을 만큼 자연스러운 삶을 추구한다. '소소한 것에 확실한 행복을 느낄 줄 아는' 넓은 스펙트럼의 시야를 지닌 세대인 것도 같다. 월드컵 축구를 보면서도 '꼭 이겨야 한다'는 생각 대신에 경기하는 선수들의 피땀과 눈물을 볼 줄 알고, 그런 그들을 응원하는 것이다. '잘했다. 멋졌다. 우리는 당신들의 모든 것을 사랑한다. 졌어도 이긴 것이다. 중요한 것은 꺾이지 않는 마음' 등 숱하게 많은 응원과 믿음과 신뢰를 보내고 있다.

우리의 미래는 밝다. 그런 생각과 그런 지지와 그런 자연스러움이 우리의 미래를 밝게 비춘다는 것을 알기에 희망을 보고 비전을 찾는 중이다. 그들이 꿈꾸는 세상에 꼰대는 없다. 그렇지만 꼰대는 존재했고, 꼰대이지만 꼰대가 아닌 척하는 것보다는 꼰대가 꼰대 같을 때 MZ는 진정한 MZ가 될 수 있을 것 같다. 왜냐하면 서로 상충하는 것 같지만, 실은 서로에게서 결핍을 찾아내고 함께 가기 때문이다. 뒷모습을 보면서 걷는다는 것, 그 자체가 함께 가는 것이다.

중년층의 경험에 의한, 경험치에 의한 단호함은 벽을 만들기도 한다. 그러나 인정할 것은 인정하는 솔직함의 대명사 MZ세대가 그 단호함에 대한 반전의 묘수를 내놓기도 한다. 한순간에 힘을 빼 버리는 단순함의 묘수가 바로 세대를 묶어 주는 고리가 된다는 사실이다. 그들은 엉뚱발랄하다. 근거 없는 자신감과 단호함을 무장해제시키는 단순함이 바로 명료함이다. 그들은 말한다. 솔직하고 명료한 어법으로 말이다.

그런데 꼰대로 불리는 세대들도 말한다. 경험을 통해서 배운 것들을 토대로 간단하고 확실하게 말이다. 그럴 때마다 사이다를 마신 것처럼 시원하다.

'빼어난 새' 대신 노래를 부르는데, 몰라서 단호하고 알아서 단단한 그들의 공통분모는 명쾌하다는 것. 빼어난 새처럼 회색빛으로 노래하는 MZ세대를 응원한다. 그리고 의식 있는 꼰대들의 단단하고 짱짱한 행보도 기다린다.

뒤늦게 빼어난 새의 이름을 알았다. 산에 사는 '멧까치'란다. 그 이름을 알고 나니 멧새로 불리는 새들의 태깃이 고운 이유를 알겠다. 멧까치의 자유, 그리고 유려함이었다.

가을, 숨 쉬다

꽃무릇이 붉게 만개했어도 둘러볼 여유도 엄두도 못 냈다. 꽃이 다 지고 있는 오늘 남편과 함께 꽃길 드라이브를 했다. 먼저 용머리 고인돌 숲에 핀 꽃무릇을 보니 하나둘 지기 시작했고, 밀재 오솔길을 따라가 보니 그곳도 거의 다 지고 있었다. 꽃길을 달리다 보니 우리 아빠 생각이 났다. 남편에게 "여보, 우리 아빠 산소에 들렀다 가자." 하니 흔쾌히 "그러세."라고 했다.

'이럴 줄 알았으면 우리가 농사지은 고구마 삶아 놓은 것을 싸 올걸' 싶었다. 산소 앞에 놓아 드리고 싶은데 챙겨 오지 못했으니 대신 개망초, 씀바귀, 억새, 코스모스 등을 꺾어다 놓아 드렸다. 나는 꽃을 누여 놓고 산소 주변의 풀을 뽑았는데, 남편은 꽃을 세워서 산소에 기대 놓았다. 산소를 한 바퀴 돌며 풀을 뽑고 "아빠, 저 갔다가 또 오고 싶을 때 올게요."라고 인사를 했다. 가까운 거리라서 자주 찾아갈 줄 알았는데 돌아가시고 얼마나 지났을까? 꿈에 비둘기색 양복에 모자까지 챙겨 쓰고 소년처럼 말갛게 웃고 계셨다. 멀리 떠나시기 전에 잠시 보러 오신 것만 같아서, 그 후로는 산소에 가는 것을 좋아하지 않았던 것 같다. 가을 꽃길을 따라가다가 아버지가 갑자기 뵙고 싶어서 들렀는데, 울 아버지는 그곳에 계시는 것인지 멀리 떠나신 것인지 알 수 없지만 육신을 뉘신 자리니 풀을 뽑아 드린 것이다.

이왕 나선 길에 고흐 벽화 마을을 찾아가려고 내비를 켰더니, 검색 결과를 찾을 수가 없단다. 살짝 허기가 느껴져 일단 먹고 나서 찾으려고 '장터국밥'에 들렀더니 벌써 국이 떨어져서 문을 닫으려는 참이란다. "늘 오후 세 시 전에 문을 닫으니 전화하고 오라." 하며 명함을 한 장 주었다. 그곳에서 "해바라기를 어디 가면 볼 수 있느냐?" 하고 물었더니 손으로 우리가 왔던 길을 가리키며 "쭉 올라가면 강변에서 볼 수 있다."라고 하기에 갔는데 아직 피지 않았는지 찾을 수가 없었다.

그리고 북이면에 있다는 벽화 마을을 찾으려고 했더니 내비가 안내를 잘못했다. 왜 지역을 벗어나라고 하는 것인지 종잡을 수가 없어서 느낌이 시키는 대로 방향을 잡았더니 엉뚱한 곳이 나왔다. 해바라기 축제와 벽화 마을 나들이는 다음에 다시 가기로 했다. '내비조차 도움이 안 되는 오늘은 포기하자.' 싶어서 집으로 돌아왔다. 허기가 확 밀려온 우리 부부는 추석에 냉동실에 보관했던 수육을 데워서 막걸리를 나눠 마셨다. 남편은 한 잔, 나는 1/3잔 마시고 쉬었다.

가을을 찾아 나선 길 위에서 숨 쉬는 그들을 만났다. 누렇게 잘 물들고 있는 벼들이 논에서 살랑거렸고, 잘 익어 가고 있는 과일들이 야트막한 산자락을 채웠다. 은행나무 가로수 길에 떨어져 있는 은행은 자동차 바퀴에 깔려서 으깨지고 있었다. 국가의 재산이라는 얘기를 들었던 기억 때문에 줍고 싶은 생각은 없었다. 오래전 사촌 오빠가 길가에 떨어진 은행을 줍고 있었더니 순찰 중인 경찰차가 다가와 멈추고 "그렇게 은행을 주워 가면 감방 갑니다." 하더란다. 그래서 "길가에 떨어져서 썩고 있는데도 주우면 안 됩니까? 시민인데 인심 한번 고약합니다." 했더니 "국가의 재산이라 일반인들이 주워 가면 절대 안 됩니다."라고 했단다. 그래서 두고 오려니까, "이왕에 주웠으니 그것만 가져가세요."라고 했다는 이야기를 들었기에 아예 욕심이 나지 않았다. 그런데 조금 아깝기는 했다. 국가 재원이 될 수 있는 은행 열매를 수거하지 않고, 일반인이 주워 갈 수도 없으니 속수무책으로 자동차 바퀴에 으깨지고 있었던 것이다. 그렇다고 인력을 동원하려면 배보다 배꼽이 더 클 수 있는 문제라 뭐라고 할 수도 없는 노릇이었다. 그냥 가을 길이 보여 주는 것들을 보며 그들의 숨소리만 들을 수 있었다.

삼 형제 이야기

IMF 여파로 큰아이를 만 5세에 초등학교 입학을 시켜 놓고 마음이 놓이지 않아서 도우미를 자청했다. 자금난 때문에 유치원에 보낼 여력이 없어서 아이를 미리 입학시킨 어미로서 미안한 마음에 그렇게 할 수밖에 없었던 것이다. 방과 후 교실 청소는 물론, 컴퓨터 작업을 도왔다. 그 당시에는 컴퓨터가 일반화되기 전이라, 담임선생님도 잘 다루지 못하던 때였다. 유치원에 앉아 있어야 할 아이를 맡은 담임선생님께 죄송해서 뒤로 빼는 법 없이 기쁜 마음으로 도왔던 것이다. 환경 정리로 교실을 함께 꾸미면서 선생님은 조용히 "제 나이에 보냈으면 뛰어날 아이를 왜 일찍 입학시켜서 고생을 시키세요?" 라고 걱정하시는데 차마 "경제적인 문제 때문이랍니다."라는 대답을 할 수 없었다. 다행스럽게도 2학년 담임선생님도 같은 분이셔서 2년 동안 연이어서 도우미를 자청했고, 마치 학교를 함께 다니는 것처럼 아이 뒤에서 보필했다. 뛰어나지는 않았지만 마치 선문답처럼 운을 떼 놓고 기다리면, 시간이 좀 걸릴지라도 그 자리까지 다가와 주었기에 대견하고 고마웠다.

둘째는 제 나이인 여덟 살에 입학을 시켰기에 도우미를 하지 않았다. 아니 셋째가 태어나서 하고 싶어도 할 수 없었다. 형아가 같은 학교에 다니고 있으니 그것만으로도 든든한 힘이 되리라 믿었다. 아침에 두 아이를 나란히 등교시키고 나면 돌아오는 시간까지 막둥이만 케어할 수 있어서 그나마 여유로운 시간이었다. 연년생을 기르느라 정신없던 때와는 비교할 수 없을 만큼이었을 테지만, 등교에 필요한 준비물 등을 챙기느라 눈코 뜰 새 없이 바빴다. 그러느라 셋째는 육아 일기를 따로 쓰지 못했고, 일기장 속에 수시로 등장시키는 것으로 대신했었다.

세 아이가 다 자라고 난 후에야 안 사실이 있는데, 몸이 약한 둘째가 친구들에게 습관적으로 맞았단다. 어느 날 울고 오는 동생을 보고 형이 “왜 우느냐?” 하고 물었고, 그동안에 있었던 사실을 들은 큰애가 동생을 앞세운 채 때린 아이를 찾아갔더란다. 한참 어린 셋째까지 데리고 삼 형제가 몰려가 혼을 내 준 뒤로는, 누가 둘째를 때릴라치면 주변 아이들이 “걔는 건들지 마라. 잘못 건드리면 셋이 와서 덤빈다.” 하고 소문이 나서 다시는 때리는 아이가 없었고, 맞고 다니는 일도 없었더란다.

비슷한 일화는 몇 가지가 더 있다. 위로 둘은 13개월 차이 나는 연년생이라 친구가 따로 필요하지 않을 만큼 태어나면서부터 형제이자 친구였다. 집 안에서 놀 때도 뭐든지 둘이 함께였고, 그러다 보니 일찍부터 유치원에 보내지 못하고, 집에서 엄마랑 함께 보내기로 했다. 내핍 생활에 맞춰 키울 수밖에 없었던 것이다. 막둥이는 첫째와 일곱 살 차이, 둘째와 여섯 살 차이가 나다 보니 세대가 다르다고 해야 할 정도였다. 그러다 보니 친구 따라 강남 간다고 피아노 배우는 친구 따라 피아노, 검도 배우는 친구 따라 검도관에 보내 달라고 졸랐다. 그때마다 제 형들에게 미안해서 상황 설명을 하면 “우리는 괜찮으니까 친구와 비교되지 않게 보내 주세요."라고 해서 미안하고 고마운 마음으로 셋째만 학원에 보낼 수 있었다.

'우리는 안 시켜 주고 막둥이만 보내는 것은 절대 안 돼요.'라고 할 수도 있었으련만, 그럴 때마다 너무나도 흔연스럽게 답을 했다. 한번은 막둥이가 중학교 2학년 때로 기억되는데, 담임선생님으로부터 전화가 왔다. "요즘은 교우들끼리 카톡으로 대화를 하는 시대인데, 혼자만 휴대폰이 없어서 외톨이가 될 수도 있으니 사 주시라." 하는 내용이었다. 그런 담임선생님께 "제 형들은 고등학교 수능이 끝나고 사 주었기에 형평성에 어긋납니다."라고 양해를 구했지만 소용없었다. 전화로 몇 번씩이나 "휴대폰을 사 주시라." 하는 담임선생님의 요청에 결국 두 형에게 있는 그대로 전하고 "어떻게 할까?" 하고 물었다. 역시나 그때도 망설임 없이 "시대가 바뀌었으니까, 힘들게 하지 말고 사 주세요."라고 해서 결국 막둥이는 형아들과 달리 중학교 2학년 말부터 휴대폰을 사용하기에 이르렀다. 터울이 만들어 낸 세대 차이를 배려심 깊은 형들 덕분에 메꿀 수 있었다고나 할까.

이야기를 하다 보니 유치원 때로 거슬러 올라간다. 방학을 이용해 서울 현장에 근무하는 아빠랑 함께 지내다, 집에 내려오자마자 유치원 선생님으로부터 전화를 받았다. 내용인즉 우리 아파트에 주소를 둔 아이들은 제 형아들이 졸업한 '○○초등학교'로 입학을 해야 한다. 그런데 같은 유치원에 다녔던 아이들이 새로 생긴 '△△초등학교'로 입학을 한다는 것이었다. 나에게 "어떻게 하실 거예요?"라고 선생님은 진지하게 물었다. 위치는 우리 아파트 건물을 기준으로

옆과 앞이지만, 거리는 비슷하게 100m 남짓이라서 어느 학교로 입학을 하느냐는 크게 중요하지 않았다. 그런데 문제는 본인이 "친구들과 함께 새로 생긴 학교로 입학하고 싶다." 하는 것이었다. 막둥이만 다른 학교에 가게 되는 게 찜찜해서 시도하고 싶지 않았다. 그런데 입학할 수 있는 방법까지 가르쳐 주면서 권하는 분들 때문에 결국 가족회의를 했고, 나만 빼고 모두가 찬성했다. "형들이 다니고 있다면 모를까, 형들도 없는 학교에 굳이 입학하라고 강요하는 것보다는, 친구들과 함께 다닐 수 있게 해 주세요."라고 했다. 결국에는 엄마를 뺀 아빠, 형들, 본인이 원해서 그렇게 했다. 새로 생긴 아파트 앞에 신축한 학교로 입학을 시킨 것이다.

서둘러서 아파트 입주를 한 까닭에, 우리 아이들은 다른 아이들이 누리는 것들을 거의 누리지 못하고 자랐다. 태권도 기본, 택견 기본, 영어 기본만 가르쳤다. 말 그대로 기본만 가르치며 길렀지만, 순조롭게 국립대학에 입학했으니 참으로 고맙고 감사하다. 아파트 입주를 위해 초긴축 재정으로 사느라 학원조차도 보낼 수 없었지만, 혹여라도 기가 죽을까 싶어서 특별활동 한 가지씩은 하도록 했다. 큰아이는 '보이스카우트'를 했고, 둘째 아이는 '아람단'을 했고, 셋째 아이는 '해양소년단'을 했다. 나중에야 알게 된 사실인데, 셋째가 "형아들이 입었던 단복을 입으라고 할까 봐서 일부러 아무도 하지 않은 '해양소년단'을 택했다"는 것이었다. 우리는 아무런 말도 못 한 채 웃고 말았다.

퍼뜩 떠오르는 기억 하나도 마음에 얹혀 있다. 큰아이가 고등학교

3학년 때로 수능을 몇 개월 앞두고 있었던 일이다. "영어와 수학만 몇 개월 특별 수업을 받을 수 있게 해 주세요."라고 간절하게 원했다. 아무리 이리저리 연구를 해 봐도, 몇십만 원의 과외비를 뺄 길이 없어서 결국 못 시켰다. 그 생각만 하면 지금도 가슴이 아린다. 많은 것들을 포기하게 했던 지난날을 떠올리다 보니 '쾌적한 주거 환경을 위해 참 많은 것들을 포기하게 했구나!' 싶어서 많이 아프고 미안하다. 다시 그때로 돌아갈 수 있다면 어떻게 했을까?

남모르는 고생을 하고 남모르는 눈물도 많이 흘렸지만, 아이들에 얽힌 추억과 기억만으로도 '참 잘했었다'는 생각이 든다. 벽면에 그려진 키 재기 숫자를 보면서 잘 먹이지 못해 제대로 자라지 못한 우리 아이들에게 미안하고, 또 죄스럽다. 하지만 선택의 순간마다 우리는 최선이라고 여기는 길을 걸어왔다. 아마 그때로 다시 돌아갈 수 있다고 해도 같은 선택을 하지 않았을까?

우울증

하나,

우울증, 흔히 듣는 말이다. 직접 듣기보다는 방송을 통해 보고 듣게 되는데, 건강에 대한 프로그램에서 주로 다루어지는 내용이다. 경증輕症, 중증重症에 따라 그 병세의 정도가 다르다는 것은 상식적인 일이 되었다. 우리나라 주부들 중 반 이상이 우울증이나 화병을 앓고 있다는데, '화병'은 세계 어학사전에 등재된 우리말 중 하나라고 한다.

그런 우울증(화병)을 나도 앓은 경험이 있다. 첫째를 낳고 둘째를 임신한 상태였다. 가까이 지내던 유일한 사람이 있었는데 남편 직장동료의 아내였다. 결혼도 비슷한 시기에 했고, 첫아이를 앞서거니 뒤서거니 낳은 터라 서로의 집을 오가며 지내던 벗이었다. 그녀는 딸을 낳아서 예쁘게 기르는 중이었고, 나는 순둥순둥한 아들을 낳아서 기르고 있었다.

좀체 공중목욕탕에 다니는 일이 없던 내게 "함께 가요."라는 그녀의 간곡한 청을 계속 거절할 수 없어서 동행했고, 그다음 날부터 나는 우울증인 줄도 모르는 채 병증을 앓았다. 목욕탕에서 본 그녀는 제왕절개를 한 흉터가 눈에 띄지 않았던 반면, 나는 흉터가 진하게 남아 있었다. 그뿐만 아니라 애초에 임신 중에 체중이 많이 늘지 않았던 그녀는, 임신과 출산을 겪지 않은 듯이 원상회복이 된 상태였다. 그에 비해서 나는 임신 중 30㎏ 늘었던 체중이 겨우 10㎏ 남짓만 빠졌다. 첫아이를 낳고 백일 지나자마자, 온전히 회복도 되기 전에 둘째를 임신한 상태였으니, 자존감은 바닥이었다. 그로 인해 감정 조절도 안 되고, 사는 것이 재미없고, 세상사가 귀찮고, 의미도 없고, 우울하기만 했다.

하필이면 그때 남편 또한 연락도 없이 늦는 일이 다반사였다. 이르면 10시 늦으면 새벽 2시, 술을 마시고 오는 것도 아닌데 그토록 늦게 왔다. "왜 늦었느냐?" 하고 말을 시키면 대꾸는 고사하고 대화 자체를 거부할 정도였다. 입은 봉한 채 면벽하고 있어서, 한 마디만 해도 될 것을 열 마디 이상을 하게 진을 뺐다. 평소 있는지 없는지 모를 정도로 방에서 잘 나오지 않는다고 '연못 안 새악시'로 불리던 나는 말 많은 수다쟁이가 되어 가고 있었다. 친자매나 식구들에게는 할 수 없는 이야기라서 그녀와 통화를 시작하면 끝이 없을 정도였다. 그날이 그날인 삶의 푸념을 주고받기 일쑤였다. 우리는 새로운 도시에서 신접살림을 시작한 뒤라서 모든 것들이 익숙하지 않았고, 마치 우리만 외떨어진 섬에 갇힌 것 같았다. 일상이 비슷한 그녀는 유일한 소통 창구였다.

그녀는 공중목욕탕에 다녀온 이후 내 심정이나 상황을 알 수 없었기에 평소와 다름없었다. 혼자서 끙끙 앓다가 어느 날은 그녀에게 있는 그대로 털어놓았다. 그러자 그녀는 "꿈에도 그런 생각을 못 했어요. 든든한 아기가 생겼으니 그것에 감사하면서 지내세요."라고 했다. 물론 그녀의 말이 맞기는 했지만 전혀 위로가 되지 않았다. 내가 침잠해 가는 동안 남편도 내 말을 들어 주는 듯싶다가, 말 안 듣는 사춘기 소년처럼 사흘이 멀다 하고 도로 그 자리였다. 그러다 보니 악순환은 계속되었고, 나는 남편의 미운 면만 보면서 녹음기를 틀어 놓은 것처럼 잔소리하며 살고, 남편도 입을 다문 채 면벽하면서 갈등 국면이 오래도록 지속되었다.

머리 풀고 나가 폴짝 뛸 지경이라서 아이만 아니면 세상을 그만두고 싶을 정도였다. 그만큼 심각했기에 내가 아닌 나로 살았다. 시간은 흘러갔고 둘째 아이가 태어나면서 문제는 자연스럽게 줄어들고 있었다. 13개월 차이 나는 연년생을 기르는 일은 부부가 합심하지 않으면 안 되는 일이었다. 목욕을 시키는 일 외에, 남편은 첫째 아이를 돌보는 역할만 중점적으로 하고, 나는 둘째 아이를 돌보는 역할만 중점적으로 하자고 역할 분담을 한 것이다. 하지만 남편이 출근하고 나면 나는 두 아이를 동시에 케어해야 하는데, 다행이라면 막 태어난 둘째는 주로 먹고 자기만 했기에 눈치껏 첫째를 챙겼다.

둘째를 병원에서 데리고 온 첫날, 첫째는 어찌할 바를 모르고 이마로 방바닥을 밀고 다녔다. 마치 쟁기질을 하듯이 밀고 다니는데 '상처라도 날까?' 싶어 보듬고 겨우 안정을 시켰다. 이내 잦아들기는 했지만, 아가의 눈을 손가락으로 찔러 보는 등 이상행동을 보이기 일쑤였다. 항간에 들리는 말로는 동생을 보는 심정이 '본처가 첩을 보는 심정과 같다'고 했다. 그뿐만 아니라 움직이는 눈동자가 신기해서 그렇다고도 했다. 이런저런 말로 타이르는 것으로는 부족해, 아가가 잠이 들면 무조건 첫째를 유모차에 태웠다. 그리고 동네를 돌면서 손가락으로 가리키는 대로, 처음 접하는 것들을 또박또박 알려 주며 관심을 밖으로 돌렸다.

그렇게 일 년을 살면서 아파트를 분양받았다. 이후 아파트에 입주하기까지 14개월을 패널로 지은 조립식 독립 건물에서 지냈다. 이사하자마자 남편이 아파 병원에 입원하면서 내 우울증은 명함을 내밀 수 없는 처지였다. 병원 측에서 "암일 수도 있습니다."라는 말을 들었으니 얼마나 혼비백산했었는지 지금 생각해도 아찔하다. 'B형간염'이라고 했다가, 또 'C형간염'이라고 했다가, 병명이 오락가락했지만 어쨌거나 완쾌했으니 부부가 함께 앓고 나았다고 볼 수 있다.

첫 번째 우울증은 다사다난한 가운데 혹독하게 치르면서 지나갔다. 다시 떠올리고 싶지 않을 만큼 심각했고, 아이들만 아니었으면 큰 변수가 개입될 수 있었을 만큼 옹이가 깊이 박히는 시간이었다. 그렇게 혹독한 우울증을 겪은 후 연년생 두 아이를 키우느라 더 이상 어떠한 여유도 없었다. 힘들고 고단했지만 아이들이 주는 기쁨과 행복이 더 컸던 터라 금방 몇 년이 흘러갔다. 두 아이를 기르느라 집중하고, 셋째를 기다리느라 혼신의 힘을 기울이다 보니 5년이 흐른 것이다.

드디어 기다리던 셋째 아이가 태어나면서부터는 하루 24시간이 부족할 지경이었다. 이것저것 새로 시작한 일도 몇 가지나 있어서 더 바쁘게 살았다. 늘어나는 나이테만큼 관심을 갖기 시작한 일도 늘어갔다. 어릴 때부터 꿈이었던 문학동인 활동을 하며 책을 빌려서 읽었다. 그러다 거의 날마다 다니던 도서관에 고맙고 감사해서 자원봉사를 자처했다. 일주일에 한두 번 다니면서 사서 보조 일도 하고,

책장 정리 및 파본 복구와 청소도 하면서 보냈다. 그뿐만 아니라 큰 아이를 일찍 입학시켜 놓고, 아이에게 힘이 될까 싶어 도우미를 자처했다. 그렇게 바쁘게 보내다 보니 지난 시간은 '혹독하게 치른 우울증'으로 박혀 있을 뿐이다.

둘,

결혼하고 20년이 되어 갈 때쯤 남편의 심장에 탈이 났고, '심장판막 성형수술'을 하고 나서도 예후가 좋지 않았다. 보통 2주 정도면 퇴원시키는 큰 병원인데도 남편을 붙잡아 놓고 퇴원을 미루기만 했다. 하지만 조르고 졸라 한 달쯤 되었을 때 퇴원할 수 있었다. 그러고도 한동안 주의 집중해서 진료를 받아야 했다. 엎친 데 덮친 격으로 어머님이 그해 12월에 세상을 떠났다. 모든 장례 절차를 마치고 나서 또다시 두 번째 우울증이 찾아왔다.

'세상살이가 별것 없다'는 허탈한 탄식과 함께 아무것도 의미가 없게 느껴졌다. 온몸이 아프고 시도 때도 없이 눈물이 날 만큼 슬펐다. 일 년가량 시도 때도 없이 어찌나 눈물이 나던지. 스스로도 유별나다고 느낄 만큼 이해가 잘 안되는 상황이었다. 엄청 친하게 잘 지낸 고부지간이 아니었고, 지극히 평범한 관계였지만, 갑자기 그리움이 몰아치면 침을 삼키기도 힘들 만큼 목울대가 아팠다. 거의 1년 동안 그런 상태가 지속되었지만, 혼자 계신 아버님 케어를 등한시할 수는 없는 노릇이었다. 본가本家에 격주로 다니다 보니 시간은 어찌어찌 흘러가고 있었다. 어머님이 계실 때와는 사뭇 달라진 분위기였다. 아버님도 우울증을 앓으시는지 현저히 말수가 줄어들었고, 나도 말수가 줄어 꼭 필요한 대화 외에는 묵묵히 할 일만 하고 돌아왔다. 그렇게 일 년이 흐르고 나서야 아버님도 평소대로 돌아왔고, 나도 가능하면 밝은 모습을 보이려고 노력했다. 말수가 워낙에 없는 아버님과 남편이었다. 그 사이에 내가 끼지 않으면 입에서 군내가 날 정도로 과묵해서 양념을 쳐야만 했으니 우울증도 오래 앓을 수는 없었다. 처음처럼 고약하게 앓지는 않았지만, 삶에 대한 의욕이 없어서 마치 침대가 나를 밑으로 잡아끄는 것처럼 한없이 침잠해 들고 있었다.

두 번의 우울증을 겪으면서 평범한 일상이 얼마나 고맙고 감사할 일인지 크게 깨달은 바가 있었다. 그 후로는 '웃으면서 살아가자'는 모토로 아무리 슬픈 일이 있더라도 일단 웃음을 잃지 않았다. 그렇지만 첫 번째 우울증을 앓았던 예전 사진을 보았을 때 눈이 울고 있음을 느낄 수 있었는데, 막둥이가 그걸 캐치해 내는 것을 보고 깜짝 놀랐다. 그 사진을 찍을 때 남편이랑 헤어질 결심을 하고, 두 아이조차도 떼어 놓을 생각을 했다. 그러고 여권 사진을 찍었으니 얼마나 슬픈 심정으로 찍었을지, 세상의 모든 어미라면 짐작하고도 남을 일이었다. 아무에게도 말하지 않았기에 그 누구도 눈치조차 채지 못했다. 그런데 사진의 표정만 보고 그렇게 세심한 부분까지 캐치하는 아이의 눈썰미에 당혹스럽고 미안한 마음을 감출 수가 없었다.

우울증이라는 것이 사람을 그토록 피폐하게 만들었다. 목숨을 버리거나 자식까지도 떼어 놓을 수 있을 것처럼 극한까지 몰고 가는 암울하고 혹독한 '그로기' 상태, 아니 '패닉' 상태를 경험하게 했다. 다행이었는지 불행이었는지 아이들이 눈에 밟히고 가슴이 에는 듯이 아파서 저지르지는 못했다. 그래서 자식을 버린 어미를 볼 때 예사롭지 않다.

세상을 살다 보면 별의별 생각을 하게 되는데 심각할 때는 하루에도 몇 번씩 천국과 지옥을 오가는 경험을 하게 된다. 그리고 부부지간에도 몇십 년 살다 보면 수없이 헤어질 결심을 하게 된다. 실행을 하지 못하는 이유 중에 가장 큰 비중을 차지하는 부분이, 아이들에게 아빠를 빼앗을 수 없어서라고 할 수 있다. 낳아 놓고 무슨 권리로 한쪽 부모를 빼앗을 수 있단 말인가? 결코 쉽게 할 수 없는 일이었다. 그래서 숱한 경험과 고통을 겪으면서 세월을 살아 낸 나이 든 부부가 아름답다. 사연 많은 굴곡과 질곡을 겪어 낸 노부부가 젊은 부부보다 한층 아름다울 수 있는 것이다.

누군가는 다시 젊은 시절로 돌아가고 싶다는 말을 하기도 하는데 나는 싫다. '어떻게 여기까지 왔는데 그 과정을 또 겪어야 하나?' 멀리서 보면 알 수 없지만, 속내를 들여다보면 오십보백보라지 않는가. 아마 다른 길을 갔더라도 대동소이했을 것이다. 그렇다면 두 번의 우울증으로 충분해서 이제 더 이상 우울증을 앓기는 싫다.

두 번의 예방주사를 맞아서 그런지 친정아버지 돌아가시고 나서는 다행히 우울증이라고 할 수 없는 슬픔만 간간이 찾아왔다가 간다. 아버지가 순간순간 보고 싶고 혼자 계신 엄마가 안쓰럽다. 66년을 함께 산 부부인데 한 사람이 어느 날 불현듯 세상에서 사라지는 충격을 경험한 것이니 짐작만 해도 아프다. 잔정 없이 무미건조해 보이던 아버님도 그 터널을 지나오기까지 일 년씩이나 걸렸는데 울 엄마는 얼마나 걸릴까? 오미크론 확진이라 기침이 많이 나온다는데 '잘 이겨 내시라'고 마음으로 응원만 하고 있다.

우울증을 겪지 않으려면 전반적인 삶의 태도부터 바꿔야만 한다. 부정적인 생각은 가급적 밀어내고 긍정적이고 밝은 생각을 불러들여야 한다. 이미 생긴 일이어서 바꿀 수도 없고 지울 수도 없다면 떨쳐 버리고 재발 방지를 위해 노력하면 된다. 그러기 위해 웃고 웃는데 "웃다 보면 웃을 일이 생긴다."라는 말을 믿고 싶다.

'우울증아, 더는 내게로 가깝게 다가오지 마. 나는 너랑 친하게 지낼 생각이 추호도 없으니까.' 어릴 때는 어리바리했지만 사춘기를 지나 자아가 확고해지면서 의사 표현을 분명히 했다. 어떤 대답을 해 줘야 할 경우 확실하게 가부를 결정했다. 이제는 이 눈치 저 눈치 볼 필요 없는 시기가 되었다.

나이가 가르친다고, 지금 생각하니 첫 번째 우울증이 집안 분위기와 직결되었을 가능성이 높다. 왜냐하면, 첫아이를 낳자마자 둘째가 찾아왔다. 결혼과 동시에 연이어 임신과 입덧을 하는 배불뚝이 아내만 바라보고 살아야 했을 30대 초반인 남편의 심정도 이해가 된다. 나중에 물어보니 주변 동료들이 "홍치마일 때 기강을 잡아야 한다."라고 훈수 두며 못 가게 했단다. '그게 전부였을까?' 질책하고 타박하는 아내 곁으로 돌아오기보다는 노는 것이 좋았을 수 있다. 그때도 이런 혜안이 있었더라면 얼마나 좋았을까? 딱 나이만큼만 가르쳐 주는 인생이라는 수레바퀴는 멈추는 그날까지 굴러갈 것이고 바큇살만큼이나 가늘게 많은 것들이 보일 것이다. 알아차리지 못할 수도 있고, 자연스럽게 읽히는 것도 있을 것이고, 들여다봐야 보이는 것도 있을 것이다. 그 틈새에서 밝고 의연하게 살아가야겠다.

아쉬운 마디를 다행多幸으로

하나,

아이들이 초등학교에 입학한 후 매년 생일이면 떡을 맞췄다. 그러고는 음료수와 함께 가지고 가서 선생님과 아이들에게 전했다. 친한 친구들만 따로 초대하는 대신 교실에서 자축하게 했다. 초대 범위를 정하기도 힘든 일이고, 모든 친구들과 격의 없이 지내게 하고 싶어서 그렇게 한 것이다.

중학교에 들어갈 때 D중학교를 선호하는 애들이 많았는데 한 반에서 많아야 서너 명 배정받을 정도였다. 아이는 그런 사정을 말하며 "어디로 선지원을 해야 하나요?" 하고 엄마인 내게 물었다. "그 서너 명 중에 네가 들어갈 수도 있으니 D중학교를 제1지망으로 지원하렴."이라고 했다. 내 예상대로 큰아이, 둘째 아이 모두 그 학교로 진학할 수 있었다. 그때부터는 아이들이 자랄 만큼 자라서 학급으로 뭔가를 들고 오는 것을 원치 않아 했다. 그래서 가족끼리 생일을 축하하기 시작했다.

고교에 갈 때도 큰아이는 역사가 깊고 선배들의 사회적 역량과 지위가 공고한 G고등학교로 배정받기를 바랐다. 큰아이는 원하는 대로 배정받았으나, 둘째는 전혀 바라지 않았던 D고등학교로 배정을 받았다. 첫째와는 다른 학교로 배정을 받자 실망한 아이는 풀이 죽어 있었다.

마침 오리엔테이션에 다녀온 아이의 표현을 빌자면 '달려 ○○', '○○ 달려' 버스가 있다고 했다. 지인에게 그 얘기를 전했더니 "D고등학교 주변 지명 중에 '달려'가 있는데 갈 때와 올 때가 다른 이정표라서 그렇게 보여요."라고 했다. '때는 이때다!' 싶어서 아이의 기를 살리는 말을 해 주었다.

"이야, 우리 둘째가 굉장히 좋은 학교에 다니게 됐구먼~ '달려 ○○' 하며 갔다가 '○○ 달려' 하면서 오니 얼마나 좋은 학교야? 앞으로 쭉쭉 잘 달려 나가겠네? 너는 실력이 향상되는 주인공으로 3년을 보내고 졸업하라는 하늘의 뜻이야."라고 했다. 그날부로 둘째가 신바람이 나서 학교에 다니는 모습을 볼 수 있었다. 공부를 엄청 잘하는 학생은 아니었지만, 어디 갔다가 올라치면 "우리 학교 있는 곳으로 지나쳐 가자."라고 할 만큼 애교심이 유달랐다.

세 아이 모두 타고난 능력 만큼 최선을 다 했으니 그만하면 학원 한 번 보내지 못한 어미로서 마음 가득 박수 칠 만했다. 외가에서는 "큰아이의 성적으로는 더 좋은 대학을 선택할 수 있었다."라고 아까워하기도 했다. 둘째 아이는 살고 있는 도시의 종합대학 유럽미디어학과에 입학했다가, 군대에 다녀온 후 휴학하고 일 년 동안 공부를 더 하더니, 제 형이 다니고 있던 대학 신문방송학과로 편입을 했다. 두 아이에게 지금까지도 미안하고 고맙다.

셋째 아이는 초등학교 1학년 때부터 담임선생님의 간곡한 부탁으로 생일에 떡과 음료를 보낼 수 없었다. 중학교에 입학할 때도 "시대가 변해서 D중이 인기 없다."라고 해서 친구들이 선호하는 'N중'

으로 지원을 했다. 제가 지원한 학교라 그런지 친구들과 학교생활을 즐겁고 뜻깊게 잘 다녔다. 다만 교통사고가 나서 머리 부분을 크게 다쳤던 터라 주의 집중해서 지켜봤다. 그런데 사고 이후에 학교에서 학생회 임원을 맡는 등 하루가 다르게 선생님들과 친구들로부터 인정받는 아이로 성장하고 있었다.

금전적으로 힘든 구간을 건너고 있는 가정 형편을 보고 느꼈는지, "대학에 가는 대신 마이스터고에 가겠어요."라고 막둥이가 단호하게 말했다.

결국 입학을 했고, 고교 3년 동안 'S재단'에서 주는 장학금을 받았다. 졸업 전에 'S사 협력 업체'인 반도체 회사에 취직이 되어 현재까지 잘 다니고 있다. 두 형아를 보고 자라서 그런지 일된 까닭인지 정신연령이 높고, 기획력이 뛰어난 편이다. 어릴 때부터 계획한 일은 어떻게든 관철시키려 노력하더니 상당히 구체적인 가운데 플랜대로 가고 있는 것 같아서 뒤에서 지켜보는 입장으로서 뿌듯하다. 단 어린 나이에 직장인으로 사는 아이가 안쓰럽고, 교통사고 후유증이 나타나지 않기를 가슴 졸이며 바라보고 있다.

둘,

글을 쓰기 시작하면서 '등단'이라는 문제가 앞에 놓여 있었다. 주위 선생님들의 추천을 통해 등단하는 동인들이 하나둘 늘어 가는 추세였다. 혼자서 H출판사에 시를 몇 편 보냈고 등단의 기회가 왔다. 기다리고 기다리던 순간이어서 기쁜 마음에 전화를 했다. 그런데 익히 알고 있던 전제 조건이 먼저 대두되었다. 그 부분이 마음에 들지 않아서 추천 형식을 마다하고 혼자서 문을 두드린 것인데, 같은 현실이 여지없이 눈앞에 와 있었다.

사정을 설명하고 "그 전제 조건 없이 등단의 의미를 먼저 챙겨 주십시오."라고 간곡히 부탁을 했다. "어차피 등단을 하고 나면 지친들에게 등단지를 나눠 줘야 하니 문예지를 살 수밖에 없습니다. 어릴 때부터 등단이 꿈인 사람들에게 문예지를 사라는 조건을 꼭 먼저 내걸어야만 합니까?" 하며 이유를 들어 설명했다. "그 조항만 빼 주면 감사한 마음으로 등단 대열에 합류하고 싶습니다." 하고 누차 부탁 아닌 간청을 했다. 하지만 "사회적인 주류고 모두들 그렇게 하는데 왜 혼자만 그러는 것인지, 참 별스럽게도 구네요." 하면서 일언지하에 거절당했다. 첫 번째 시도가 벽에 부딪힌 후 '하는 데까지는 해 보자'고 다짐했다. 이번에는 통화를 했던 분의 부군이자 출판사 대표와 "통화하게 해 주세요."라고 부탁을 했다. 그러나 부부는 일심동체가 맞는 것 같았다. 토씨 하나 다르지 않게 "모두들 다 그렇게 하는데 왜 혼자만 유독 그렇게 안 하겠다고 하십니까?"라고 일언지하에 거절당했다.

두 번째도 벽에 부딪치고는 '문예지 등단'이라는 길의 문을 닫아걸었다. 그리고 매년 신춘문예의 문을 두드렸으나 실력이 부족한 나로서는 넘지 못할 벽이었다. 그렇게 시간은 흘렀고 문인들에게 무한한 관심을 보이던 R선생님이 나를 "등단시키겠다."라고 했다. 그러고는 "왜 지금까지 등단을 하지 않았느냐?" 하고 묻고, 진정 어린 염려와 걱정을 해 주었다. 문인들 중 고마운 분을 꼽으라면 다섯 손가락 안에 드는 분이라고 할 수 있다.

건물 한 칸을 문인들을 위해 내주고도 수시로 책이며 식사까지 제공하고 배려하는 분이었다. 문인들을 위한 행사에도 아낌없이 투자하는 각별한 어른이었다. 그러던 어느 날 "시를 5~6편 가지고 사무실로 오라." 하는 연락을 받았다. 가지고 갔더니 J선생님이라는 분이 함께였고, 내게 커피를 타 오라고 했다. 평소 여러 선생님들과 사무실에 가면 가장 젊은 축인 내가 도맡아 하던 일이었음에도 불구하고, 그날은 커피를 타고 있는 내 모습이 부끄러워서 얼굴이 화끈화끈했다. 마치 등단하기 위해서 무릎을 꿇고 있는 것만 같은 느낌이었다.

그 길로 사무실을 나왔고, L선생님을 만나 심정을 전했더니 "마음이 어느 쪽으로 기우는데? 조금이라도 무게가 실리는 쪽으로 결정해."라고 조언을 했다. "그렇게라도 등단하고 싶다는 마음과 그렇게 등단해 봐야 아무런 의미가 없다가 49:51입니다."라고 의사 전달을 했을 때 이미 결론은 나와 있었다. 결국 전화로 "선생님, 뜻은 감사합니다. 하지만 등단하지 않겠습니다."라고 부끄럽지 않은 가운데 예의에도 벗어나지 않게 단호한 뜻을 전했다.

그 후 R선생님은 "등단하지 않는 것도 바람직한 방법이다." 하고 내 뜻을 인정하고 추켜세워 주었다. "그러면 등단하지 말고 그냥 개인 시집을 내 버리라." 하는 조언도 아끼지 않았다. "실력과 인생이 조금 더 익은 후에 회갑 기념으로 내겠습니다. 그때까지 건강하게 계시다가 축하해 주십시오."라고 한자리에 앉아 있던 모두가 듣기에도 편한 대답을 선택했다. 그때 R선생님은 투병으로 힘든 상황임에도 불구하고 가까운 문인들과 거의 날마다 점심 식사를 함께 하는 중이었다. 그러던 터라서 나로서는 '아픈 R선생님의 도움을 받아 등단하지 않기를 너무나 잘했다'고 생각하고 있다. 감사한 마음만 잊지 못하고 지금껏 간직하고 있다.

말이 씨가 되었던지, 2020년 문예진흥기금을 받을 수 있었고, 명분이 있는 지원금으로 첫 시집을 낼 수 있었다. 지원금과 자부담으로 초등학교 4학년 때부터 꾸었던 꿈인 《불 켜다》와 《해 뜨다》 두 권의 개인 시집을 발간한 것이다. 내 인생 최고로 행복한 해였다.

친정 부모님께 소정의 장학금도 지원받았기에 칠 남매와 부모님, 친한 벗에게 LED등에 시를 입혀서 선물했다. 부모님께 받은 소정의 '특별장학금'이 빛나는 순간이기도 했다. 누구나 받을 수 있는 생일 축하금이 아니라 특별한 일이었기에 부담감을 상쇄시킬 수 있었다. 여러모로 좋았던 2020년 10월이었다. 첫 시집을 부모님께 안겨 드렸고, 그 이듬해인 2021년 5월에 친정아버지는 소천所天하셨다.

부모님 합제合祭 날에

12시를 넘겼으니 '부모님께서도 잘 다녀가셨으리라'는 생각이 듭니다. 올해부터 아버님과 합제를 올렸는데 괜찮으신가요? 작년에 어머님께 아뢰기는 했지만 두 분 합제를 올리려니 조금 송구스러워서 어머님이 좋아하시던 음식 위주로 준비를 했는데 흡족하셨는지요? 훈제 닭고기를 구하지 못해 양념 닭을 광주 형님에게 부탁했더니 가져왔더라고요. 맛있게 잘 잡수셨는지요? 내년에는 훈제 닭이 있어서 올릴 수 있었으면 좋겠습니다.

이가 없으셔서 그랬는지, 평소 순대를 좋아하셔서 그랬는지 모르겠습니다. 우리 집에 오셨을 때 외출할 일이 있어서 "어머님, 저 다녀올게요."라고 인사드리면 "애미야, 들어올 때 순대는 사 오지 마라. 질렸응게야."라고 하셨지요. 훈제 닭 중에서 다리와 날개만 포장된 것을 사 가지고 들어갔더니 손으로 찢어서 잡수시며 "간도 딱 맞고 맛있다." 하셨습니다. 외출 시에 몇 번 더 사다 드렸지요. 매번 맛있게 잡수시더니 얼마 못 가 떠나시고 마셨어요. 그럴 줄 알았으면 더 자주 사다 드렸을 텐데, 제사 때만 되면 아쉬움이 남네요.

그 후 제사 때 몇 번 상에 올려 드릴 수 있었는데, 최근에는 눈에 띄지 않아서 그러지 못했습니다. 그래도 이번에는 좋아하시던 양념 닭으로 올려 드릴 수 있어서 우리도 좋았습니다. 아버님께서 좋아하시던 것은 낙지인데 '오일장에서 살까?' 하다가 어차피 죽으면 산낙지가 아니라서 가까운 마트에 나가서 샀더니 크기가 작아서 좀 민망했어요. 그래도 그곳에서는 가장 컸으니 제 입장에서는 최선이라고 할 수 있었네요. 올해는 합제合祭 첫해라 어머님 위주였는데, 아버님께서 서운하지 않으셨겠죠? 내년부터는 두 분 좋아하시던 음식 반반씩 올려 드릴게요.

조심조심 오셨겠지요? 조심조심 가세요. 일 년에 두 번 뵙다가 올해부터는 한 번 뵙게 되었으니 오시고 가시는 길 편안하고 밝으셨길 바라요. 친구분들도 함께 오셨다가 가셨나요? 어디서 들은 이야기인데 함께 오시기도 한다더군요. 엄청 걸게 잘 차리지는 않았지만, 정성껏 열심히 준비했으니, 친구분들 모시고 오셔서 흡족하게 드시고 느긋하게 가셨기를 바라요. 혹여 머리카락이라도 들어갈까 봐 스카프로 질끈 묶고 음식을 했으니 그런 실수는 없었겠지요?

이것은 어릴 때 들었던 얘기입니다. 제사에 다녀온 벗에게 "그래 잘 차려서 배불리 먹고 왔는가?"라고 묻자, "장만을 하기는 많이 했더구먼. 그런데 머리카락이 들어 있어서 배불리 먹지는 못하고 왔네. 내 눈에는 머리카락이 아니라 구렁이로 보이더구먼."이라고 답을 했다는군요. 그래서 '제사 음식을 만들 때는 각별히 조심할 일이구나!' 명심해서 모자를 쓰거나 묶고 한답니다.

오늘 하마터면 불이 날 뻔했는데 놀라시지는 않으셨나요? 생선을 꺼내고 그릴의 불을 끈다는 것을 깜박했다가 그만 불이 나서 식겁했네요. 다행히 셋째 형님이 굵은소금을 뿌려서 쉽게 꺼지기는 했지만 모인 가족들이 놀랐네요. 그러는 가운데서도 불현듯 떠오르는 생각이 '아버님 어머님 두 분께서 자녀들 모두 불火이 일듯이 잘 살으라고 하시는 뜻이 아닐까?' 싶었답니다. 이렇게 생각하는 것도 무리수는 아니겠지요? 그리 해석하고 뜻깊게 간직하렵니다. 전해 오는 말 중에 "불이 난 터는 불 일 듯이 일어난다." 하는데 우리도 그랬으면 좋겠습니다. 제가 아는 불난 터 중에서 몇 곳은 정말 불 일어나듯이 일어났으니까요. 대표적인 곳이 충장로 '○○빵집'이 아닐까 싶네요.

어머님 생신이 다음 주 월요일이니 여건이 허락되면 고구마튀김 만들어서 산소로 뵈러 올라갈게요. 제가 새 신부일 때 상에 올라와서 몇 번 집어 먹는 것을 보시고는 명절마다 고구마튀김을 해 주셨지요. 그 정성을 본받아서 부모님 제사상에 올리려다 시간이 없어서 못 했네요. 그날 고구마튀김을 해 어머님 산소에서 함께 먹고 싶어요. 날씨도 좋아야 하고, 아비 컨디션도 좋아야 하니, 우리 모두 잘 굽어살펴 주세요. 두 분 뵙는 날에 절 올리며 못 드린 말씀 지금 올립니다.

지방에 두 분을 나란히 올리고 제주祭酒와 절을 올리면서 아무 생각 없이 무념무상이었습니다. 평소에도 기도를 해야 할 순간이 되면 무념무상일 때가 많습니다. 그랬다가 '제가 아는 모든 분들 행복하고 평안하게 해 주세요.'라고 무사 안녕을 비는 것이 전부입니다. 어젯밤에도 불꽃이 그릴을 뚫고 나오는데 '우리 모두의 복'을 기원했습니다. 제사를 모시는 이유가 복을 받고 싶어서는 아니지만, 모실 때 돌아가신 분들의 명복을 먼저 기원하면서 후손들의 미래도 조용히 얹어 놓습니다. '어련히 알아서 돌보아 주시겠거니!' 하는 마음으로 말입니다.

어머님, 오는 12월 2일에는 어머님 좋아하시는 몇 가지 음식을 준비해서 아비랑 제가 맛있게 먹으려고 합니다. 그때는 오시지 마시고 '우리 아들 며느리가 내 제삿날 잊지 않으려고 저러는구나!' 여기시어 가상하다 생각하소서. 합제合祭가 논의에 올랐을 때 아비랑 둘이서 "날짜는 잊지 말고 우리끼리 어머님 좋아하시던 음식 차려 놓고 대신 먹자." 하고 약속했었지요.

어머님께서 저 결혼하고 나서 해 주신 이야기가 떠오릅니다. "내가 한 고생, 며느리에게는 안 시키려고 너 시집오기 전에 두분 두분 합해서, 일 년에 총 아홉 번 모시던 제사를 네 번으로 줄였더니라." 하시면서 뿌듯한 표정을 지으셨지요. 15년쯤 지났을 때는 "애미야, 제사를 합해서 일 년에 한 번만 지내자고 아부지를 졸라도 당최 말을 안 들어줘야. 모다들 그렇게 한다는디 말을 들어줘야 그렇게 헐틴디~"라고 하셨지요. 그래서 "어머님, 오로지 저 생각해서 그러시는 거면 괜찮아요. 제사 모시는 집에서 나고 자라서 그런지 제사 모시기 싫거나 귀찮지 않아요. 그러니 애쓰지 않으셔도 되어요."라고 말씀드렸고, 어머님께서도 더 이상은 그런 말씀을 하지 않으셨지요.

제사 얘기를 하다 보니 또 하나가 떠오릅니다. 결혼 초부터 "다른 제사는 내가 알아서 모실 테니 조부모님 제사만 유념했다가 내려오너라." 하셨지요. 조부모님 제사를 모시러 오면서 이것저것 시장을 봐서 내려오면 "아직은 네 책임도 아닌디, 이렇게 장을 많이 봐서 가지고 오냐?"라고 하셨습니다. 때로는 고맙게 여기시고 때로는 부담스러워하셨지요. 그래서 한번은 아무것도 가져오지 않고 봉투만 드렸더니 "네가 이전에는 다 준비를 해 와서 아무것도 안 했는디 어쩐다냐?" 하셔서 "그럼 다음부터는 다시 준비를 해 올까요?"라고 여쭈었더니 흔쾌히 "그래라." 하셔서 쭉 준비해 가지고 다녔네요. 그러다가 어머님께서 편찮으신 관계로 병원에 입원을 하셔서 셋째 형님께 조언을 구했습니다. "엄마가 내둥 모시던 제사를 안 모실 수는 없고, 그냥 자네 집에서 조용하게 몇 가지만 해서 올리소."라고 귀띔을 해 주셨죠. 그렇게 증조, 고조부모님 제사는 우리 집에서 모시기 시작했습니다. 그렇게 십몇 년을 모시다가 작년을 기점으로 '증조, 고조부모님은 두 명절에만 모시기로' 했지만, 조부모님과 부모님은 일년에 한 번 그대로 모시기로 했습니다. 물론 부모님을 따로 모셨던 작년과는 달리 올해부터 합제를 하기로 했고요. 처음이라 '혹여라도 서운하시지나 않으셨을까?' 계속 마음이 쓰였습니다. 다만 '부모님 살아 계실 때 부부 합제를 해 놓으신 관계로 당신들도 이미 짐작하고 계시지 않았을까?' 편한 쪽으로 생각합니다.

어머님 돌아가시고 5년 후 아버님까지 세상을 떠나셨습니다. 작년이 어머님은 10주기, 아버님은 5주기였습니다. "먼저 든 날을 합제 날로 정하는데, 우리 집안은 다행히 남자 어른 제사가 앞이었느니라." 어머님 말씀에 따라 음력 10월 26일인 아버님 제사에 음력 12월 2일인 어머님 제사를 합해 드린 첫해입니다. 그러다 보니 이런저런 생각들이 꼬리를 물고 이어집니다. 부모님 생각이 날 때마다 찾아서 이어 쓰겠습니다.

무엇이 중한가

시골로 내려온 지 삼 년째다. 남편의 건강에 적신호가 왔고, 이미 수술도 했었고, 통원 치료도 했었다. 그런데 8년 만에 도로 그 자리였다. 수술을 하루에 두 번을 하고 중환자실에서 4~5일 만에 일반 병실로 왔는데 한 달 넘게 퇴원이 안 되는 상황이었다. 그래도 어찌어찌 이겨내고 퇴원을 했고 3개월 동안 병원으로 통원 치료를 하면서 가료家療(가정에서 안정을 찾은)를 한 후 업무에 복귀했다. 그때 “다시는 수술대 위에 눕지 않겠다.”라고 몇 번씩 강조하던 남편의 갈리던 목소리를 잊을 수 없었다. 그래서 시골로 귀향해 자연 치유를 해 보자고 마음먹었다. 치료가 안 되면 현상 유지만 되어도 좋다고 하면서 말이다.

그렇기에 농사가 1번일 수 없었고 제초제, 해충제 등의 농약을 살포하지 않는 농법을 선택했다. 지심地心을 살리는 중이다. 그래서 우리 집 주변은 벌레들의 천국이면서 두꺼비는 물론 새들의 천국이기도 하다. 그런데 문제는 두더지가 어찌나 땅을 헤집고 다니는지 사방이 구멍이고 과일도 벌레들의 몫이라 우리가 먹을 수 있는 양은 극소량이거나 아예 없다.

아로니아를 딸 때만 해도 사과가 제법 열려 한창 크고 있었다. ‘몇 개 따다가 먹어 볼까?’ 했으나 이른 감이 있어서 ‘며칠 지나서 큰 것 위주로 따다 먹어야지!’ 마음먹었다. 그래서 오늘 오후에 들깻잎도 따고 사과도 따려고 봤더니, 아예 건질 것이 없을 정도로 벌레가 먹고 새가 쪼아서 손도 못 대고 들어왔다. 자연이 먼저라고 여기면서 농약을 전혀 하지 않았더니 해도 너무한다. 아무리 먹기에 좋은 유기농이라지만 그렇게까지 먹어 버릴 줄은 몰랐다. “내년에는 한 번쯤 약을 해야 하지 않겠느냐?”라고 남편에게 물었다. 아무런 대답을 하지 않는 남편에게 채근할 수 없어서 말을 잇지는 않았지만 ‘무엇이 중한가’는 생각할 필요가 있지 않을까.

자연도 훼손하지 않으면서 사람도 먹고 살 수 있는 길을 택해야 하지 않을까. 자연친화적인 농법으로 성공한 농부들을 보면 낙과를 이용해 효소를 만들어서 재이용하고 벌레들로부터 과실수를 지키고, 그 결과물로 돈까지 버는 일석삼조의 길을 가고 있다. 우리도 그렇게까지는 못하더라도 비슷하게 흉내라도 내 봐야 하지 않을까 싶다. 매년 과실수밭의 풀을 서너 번 정도 베는데, 올해는 폭염이라 오후 늦게 나가서 일했다. 그러다 보니 진도가 나가지 않아서 과일밭까지는 어쩌지 못했다. 속을 모르는 사람들은 “새벽에 일어나서 하고 한낮에는 쉬는 방식을 택하라.”라고 하지만, 그의 건강 챙기는 것이 먼저라서 그렇게까지 할 수는 없다.

작년 가을과 겨울에 식겁했던 터라 일보다는 건강 지킴이 더 중요하다. 퇴비를 따로 주지 않았더니 낙과가 적다는 사실을 알게 된 원년이다. 그것만 알아도 올해 수확이라 할 수 있다. 어차피 적극적인 농사꾼으로 살기에는 여러모로 걸리는 것이 많은 이때 이런저런 방법을 써 가며 시험해 보는 것도 좋지 않을까?

“새들아, 벌레들아, 우리랑 함께 먹고 살지 않을래?”

어떤 배우

모 TV 프로그램에 한 배우가 나왔다. 그는 "새로 찍은 드라마 〈파친코〉를 홍보하기 위해 예능을 찾던 중 추천하는 사람들이 많아서 나오게 됐어요."라고 했다. 그가 "비굴해서 미안해요."라고 인사를 하는 모습과 겹쳐지는 내 기억 속의 어떤 장면이 있었다.

어느 시상식에서 수상자로 소감을 이야기하고 끝으로 "기다려야 하는 배우 입장이니 감독님들 저를 자주 불러 주세요. 저는 출연료가 비싸지 않아요." 하며 훅 치고 나오는 멘트를 보면서 역설적이게도 '어? 저 배우 정말 자존감이 대단한 사람이구나?' 싶었다. 그때부터 기대감이 높아지게 되면서 응원하게 되었던 것 같다.

그는 '역시'였고 나이가 무색하리만치 당당하고 꼿꼿하게 살아 있어, 빨딱빨딱 뛰는 선어의 느낌으로 다가왔다. '○○사'에서 재미 교포 작가의 작품 〈파친코〉 판권을 사서 드라마화하는데, 그에게 대본(스크립터)이 왔을 때 "나는 오디션을 볼 수 없습니다. 왜냐하면 이미 한국에서 알려진 배우인데, 당신들이 나를 쓰지 않을 수도 있지 않습니까? 그렇다면 나는 오디션에서 탈락한 배우로 이력이 남게 됩니다. 그래서 나는 오디션은 보지 않겠습니다. 그렇지만 나는 이 드라마를 하고 싶고 이 역할은 잘할 수 있습니다." 하고 확실하게 의사 전달을 했단다. 그러고서 "드라마를 함께 찍었어요."라는 이야기를 들으면서 참 짱짱하고 꼿꼿하고 단단한 배우가 우리나라 사람이어서 자랑스러웠다.

또 이런 말도 했다. "나는 증조할머니께 매일 죄송하다고, 내가 잘못했다고 용서를 빌어요. 그때는 전쟁 후라 물이 귀하고 위생적으로도 깨끗하지 않아서 싫어했거든요. 증조할머니가 돌아가시고 한참 후에 알았어요. 제가 잘못했다는 것을요. 그래서 매일 기도하듯 빌어요. 이번 드라마에서 '선자' 역할을 잘할 수 있었던 것도 증조할머니 덕이었어요. 4대에 걸친 이야기인데 딱 증조할머니 시대였거든요. 그 할머니를 지켜봤기 때문에…. '선자'는 바로 우리 증조할머니였어요."라며 담담하게 말을 이어 나가는 그의 눈두덩은 붉었다.

솔직하고 담백하게 말하는 그의 모습이 슬퍼 보였는데 그 이유가 무엇인지는 모르겠다. 그는 자기감정에 솔직하고 충실하다. 그래서 판단이나 이해를 필요로 하지 않는다. 있는 그대로 보면 되고 받아들이면 되는 것이다. "많은 여성들이 선생님을 멘토로 삼아 멘토링을 합니다."라는 사회자의 말에 "나를 멘토로 삼으면 안 돼요. 이랬다저랬다 흔들리는 저를 따라 하면 안 된다고요."라며 손사래를 쳤다.

"아침에 나오면서 '오늘은 우아하게 좋은 모습으로 들어가자고, 선한 영향력을 줄 수 있어야 한다'고 다짐해요. '관용'이라는 글자를 수도 없이 되뇌고 나왔지만, 벌써 몇 번째 화가 났는지 몰라요. 그래서 더 열심히 증조할머니께 기도하게 되는 것 같아요."라고 했다.

그는 당당하다. 그리고 솔직하다. 또한 실수를 바로 인정할 줄 아는, 진정으로 나이가 든 배우다. 사람이 나이를 먹으면 스스로 타성에 젖기 쉽고 고집스러워지고 교만해질 수도 있지만, 그는 스스로 경계할 줄 안다.

또 다른 질문에 대한 답도 거침이 없었다. 사회자가 "57년 연기 인생에 얻은 것과 잃은 것이 무엇입니까?"라고 묻자 "얻은 것은 허명虛名인지 모르나, 유명세를 얻었다고 생각해요. 그에 따른 문제가 나와는 상관없이 저 위로 올렸다가 아무런 원인도 모르는 채 내팽개쳐지기도 하는데, 그것은 유명세에 따라다니는 것이 아닐까요? 그리고 잃은 것은 없어요. 예술이라 생각하지 않았고, 일을 하는 직업으로 생각했으니 잃을 것이 뭐가 있었겠어요?"라고 방점을 찍듯이 또박또박 말했다.

그는 자신을 '생계형 배우'라고 말하는 듯하지만, 자조적인 표현일 뿐, 내제된 자존감은 젊고 아름다운 배우 이상이었다. 그의 앞길이 궁금해지는 것은 나만일까?

그는 아카데미 무대의 수상자에 이어서 남우조연상 시상자로서도 올라갔다. '청각장애'를 딛고 수상자로 당당하게 오른 배우를 호명할 때, 수어를 겸하는 그는 실제 키보다도 훨씬 더 커 보였다. 우리가 듣기에 유창한 영어로 맡은 역할은 물론이고, 여러 의미를 실은 가벼운 조크까지.

'역시'는 '역시나'로 끝날 것이다. 새로 찍은 〈파친코〉와 좋은 작품으로 여우주연상까지 거머쥐기를 응원한다. 나이와 상관없이 변화하는 기상이 돋보이는 그녀를 다시 아카데미 그 무대에서 보고 싶다.

제3부

방송을 통해 보는 세상

– 망원경 & 현미경

1. 뉴스 만평
2. 코로나19
3. 마흔세 번째 기념식
4. 기회機會
5. 변호사 우영우
6. 코로나19 영웅들
7. 우리의 오월은
8. 노래가 되다
9. 로컬푸드
10. 과거를 기억하는 도시
11. 이 마음과 저 마음
12. 제목 없는 역사
13. 매국노의 아들, 애국자

뉴스 만평

뉴스를 보는데 한 가지가 눈에 띄었다. 'BTS, 즉 방탄소년단'이 활동을 잠정 중단 한다고 발표했고 개인 활동을 하기로 했단다. 세계적으로 팬층이 두터운 그룹이라 세계가 주목할 만한 뉴스라 할 수 있다. 발표 내용에 따르면 맏형인 '진'이 1992년생으로 늦어도 내년까지는 군 입대를 해야 한단다. 또한 나이대가 줄줄이 군 입대를 할 시기에 임박해서 개인 활동 중심으로 나가려는 수순이라는 것이다.

한때 BTS는 국위선양은 물론, 경제적 이득도 천문학적으로 가져왔다. 여러모로 '군면제'를 시켜야 한다는 안이 국민청원 등의 게시판에 올라오기도 했지만, 쉽게 결정할 수 없는 일이었다. 우리 가족들도 그 사안에 대해서 얘기를 나눈 적이 있다. 나는 표면화된 내용 위주로 긍정적인 반응을 보였다면, 남자들은 약간씩 의견 차이가 있었지만 결론은 같았다. 국위선양과 경제적 효과를 따져 면제를 시킨다면 "어디까지를 상한선과 하한선으로 둘 수 있느냐?" 하는 것이다. 듣고 보니 '현재진행형인 그들을 잴 때, 어떤 자로 재야 형평성 논란이 가시화되지 않고 가장 합리적일까?' '공론화했을 때 어떻게 이견을 최소화할 수 있나?' 하는 문제가 관건이었다.

여성인 나로서는 군 입대와 직접적인 연관이 없다 보니, 거기까지는 생각해 보지 않았기에 '좀 더 신중해야 할 필요가 있겠구나!' 싶었다. 사회적으로 합의가 적절하게 이루어지고 현실적으로 실현될 수 있는 답안을 찾는다면 가능한 일이 아닐까?

군 입대를 대체할 수 있는 '대체복무'가 있는 것으로 안다. 단절되어서는 안 되는 주요 연구소 연구원, 산업체 기술자의 대체복무 등은 들어 본 적이 있다. 그렇다면 예체능 분야로도 맥락이 끊기면 안 되는 중요한 시점일 때, 고과 점수 등을 조합해서 '대체복무'를 할 수 있는 방법을 모색하는 것도 앞으로 나아가는 진취적인 대안이 아닐까 싶다.

'누구나 인정할 수 있는 '공적功績' 등이 주요하게 적용된다면 괜찮지 않을까?' 싶은데, 아들 셋 중 두 명은 전방에서 병장 제대를 했고, 한 명은 산업체 '대체복무'를 마쳤다. 두 아들이 최일선인 강원도 고성에서 군 생활을 할 때는, 뉴스를 접할 때마다 가슴 졸이며 눈물 흘릴 때도 많았다. 그랬기에 아들만 셋인 나로서는 '한 명 정도는 면제를 해 줘야 한다'고 강력하게 원했었다. 그것이 통했는지 '막둥이는 훈련을 한 달 받고 근무처에서 대체복무를 한 것인가?' 싶었다.

아들 셋을 모두 군대에 보내는 게 불합리하다고 느껴서 심지어는 "여자도 군대에 보내야 한다. 왜 남자만 보내야 하느냐?" 하고 불만 섞인 말을 토로하기도 했었다. 한 다리 건너 엄마인 나도 그랬던 적이 있었던 것이다. 그렇기에 군복무를 마쳤거나, 하고 있거나, 장차 복무를 해야 하는 남성들의 의견이 충분하게 반영되어야 하고, 국민들의 전반적인 이해가 전제되어야 하지 않을까?

대한민국에서는 군복무 문제가 첨예하고 민감한 문제가 아닐 수 없다. '방탄소년단' 그들의 역량이 대단하다는 점은 충분히 알 수 있다. 그럼에도 불구하고 신중해야 하는 이유는 적정선을 정할 수 있느냐이다. 선한 영향력과 선순환만 본다면 어려운 결단이 아니나, 군면제를 놓고는 분명히 무리수가 될 수 있다. 변칙적인 결과로서 어쩌면 금전만능주의로 함몰될 수도 있다. 가능한 모든 사안을 통해 결론을 도출해 내야 그나마 합리적이고 효율적이고 안정적인 법제로 자리매김을 할 수 있을 것이다.

개인적으로 찬반 투표를 한다면 나는 찬성이다. 인기라는 것이 눈에 보이지 않는 거대한 물줄기라고 생각하기 때문이다. 어떤 분야나 '새로운 반향을 불러일으킬 수 있는지'가 경쟁력과 맞닿아 있다. 그런 측면에서 보자면 연예계에서 가장 빠른 변화가 이루어질 수밖에 없다는 생각이다. 영원한 것은 존재하지 않는다. 그만큼 변화나 변수가 빈번하게 개입되는 분야가 문화계, 연예계, 스포츠계가 아닐까 싶다. 그렇다면 중요한 때, 군 입대 문제가 개입되는데 "어떻게 하는 것이 좋으냐?" 하고 묻는다면, "세계적으로 영향력이 입증되고 있는 그룹이 분명한 이때, 군 입대 등으로 활동을 중단시키는 것보다는 계속할 수 있게 선처를 해야 한다."라고 대답할 것이다.

그렇다면 '대체복무 요건을 충족시킬 수 있는 대안 마련을 하면 되지 않을까?' 선례를 남기는 일이라서 시간이 지나도 역풍을 맞지 않을 수 있는 대안 말이다. 우리는 자유민주주의와 자본주의 시장체제를 따르는 국가의 국민이다. 따라서 이에 준하는 대안이 필요하다. 민주적이면서 자본주의적인 부분도 챙길 수 있는 대안, 그것은 바로 의견 합의와 경제적인 기부 등이 나올 수 있다.

의견을 모을 때 표본 조사를 해야 할 때와 전체 조사를 해야 하는 때가 있다. 중요한 사안은 국민 투표를 통하는 것도 좋지 않을까 싶다. 그러면 '그 비용을 어떻게 할 것인가?' 하는 문제가 있다. 그래서 민의를 대표하라고 지자체 의원, 국회의원, 위원회 등등이 있다. 그들을 통해 투표를 하거나 서명운동을 하면 된다. 또한 경제적인 측면으로 보자면 국가와 국민에게 명분 있는 환원을 하라는 것이다

기부 문화 외에 투명하게 쓰일 수 있는 공적 자금을 통해 간접적인 문화 발전에 이바지하라는 뜻이다. 물론 이미 충분히 하고 있을 수 있다. 그렇더라도 사안에 따라 팀의 명칭을 붙인 공적 자금이라면 좀 더 확실하게 인정받는 측면이 넓어지고, 시너지 효과 또한 높아질 것이라 믿는다. 두 가지 효과를 나란히 도출시킬 수 있다면 좋겠다.

코로나19

'코로나19'가 처음 발표되었을 때는 마치 영화를 보듯 관람자 입장이었다. '주변 국가들 문제겠지. 우리나라는 지난 경험에 비춰 크게 번지지 않고 넘어갈 거야.' 하는 게 가장 가까운 심리였다. 그러다 갑자기 확진자의 수가 늘어나면서 '저렇게 늘면 안 되는데 어떻게 하지?' 하며 살짝 불안한 마음이 생겨나는 것 같았다.

2020년 2월 24일 오후 6시 현재, '심각'으로 격상된 '코로나19' 상황이다. 뉴스마다 같은 사안을 다루고 있는데 확진자 833명, 사망자 8명, 격리해제는 22명이라고 한다. 피부에 와닿지 않는 수치다. 그래도 본능적인 조심을 하게 되는 것 같다. 그동안에는 외출 시에 마스크를 쓰지 않았지만, 지난 토요일에는 잠깐 동네 슈퍼마켓에 갈 때도 썼다. 집 안에서는 안 쓰는데 체온이 좀 내려가면 몸이 먼저 반응한다. 그럴 때 바로 따뜻한 차를 끓여 마시고 망토 등으로 체온조절부터 하게 된다. 아마 불안심리 때문인지 밭은기침이 나오다가 차를 마시면 싹 사라진다. 기본적으로 우리 모두 섭생攝生을 잘하면서 날마다 들어오는 행정처의 안내대로 따라간다면 괜찮지 않을까?

2월 25일 17시 현재 확진자 977명, 사망자 10명이 보도되고 있다. 알아야 하는 정보라서 뉴스를 틀어 놓고는 있는데, '확진자 격리거부' 가짜 뉴스를 만들어 유포하는 자는 법적 처벌 대상으로 법제화되었다고 한다. '대응 방안으로 적절했다'는 생각이 들었다. 또 말하기 좋아하는 혹자들에 의해 생성되는 가짜 뉴스를 송출하는 자들 역시 엄벌에 처했으면 좋겠다. 악순환으로 가는 지름길이기 때문이다.

2월 27일 오전 7시 현재 확진자 1,261명, 사망자 12명, 완치 24명으로 발표되어서 더는 기록하고 싶지 않다. 고로 2020년 2월 27일 오후 7:50 기점으로 숫자로 밝히는 것 자체가 의미 없어서 멈춘다.

'K-키트'가 세계적으로 러브콜을 받고 있는데, 성인 남자의 주먹만 한 상자 하나가 100명을 검사할 수 있는 시약이란다. 우리는 의료 강국이 된 지 오래되었는데, 수술 솜씨가 좋아서 그렇단다. 특히 성형외과가 명성을 얻은 이유가 식문화로부터 기인되었다고 한다. 바로 젓가락을 사용하면서 정교하고 정확한 손놀림이 가능해서란다. 이 유추에 나도 한 표다. 그뿐인가? 얼마나 영민하고 또 부지런한 민족이던가. 의료진 능력이 선진국보다 앞서가고 있다는 사실이 이번 '코로나19'로 만방에 위상을 떨치고 있다. 만약 이런 일이 없었다면 우리 의료진의 우수함을 어떻게 만방에 알릴 수 있었겠는가? 물론 이런 일은 애초에 일어나지 않는 것이 좋으나, 모든 것이 나쁘기만 한 일은 없다는 뜻이기도 하다. 즉 고난을 벗어나기 위해 해결책을 찾다가 새로운 발견과 발명이 이루어진다는 말과도 일맥상통一脈相通한다. 각설하고 'K-키트'가 '코로나19' 종식의 연결 고리가 되고 있어서 가슴이 뿌듯하고 자랑스럽다.

지난해 11월부터 시작된 '코로나19'의 확진 환자 수가 줄어들다가 다시 늘어나기를 반복하고 있다. 마스크 쓰기는 생활화되었는데, 집회나 모임 등을 통해 늘어나고 있는 확진자 소식을 들을 때마다 마음이 답답하고 무겁다. 올가을부터 더 심해질 거라고 하는데 사실이 아니기를 바라면서도 착잡하다. 우리 국민들이 질리도록 '마스크 쓰기'와 '거리 두기'를 실천하고 있는데 종식되는 날이 빨리 오길 바라고 바란다. 눈에 보이지도 않는 바이러스로 인해 고통받고 있는 세계인들의 고충이 오래가지 않도록 어서 '코로나19'를 이겨 냈으면 한다.

마흔세 번째 기념식

울고 싶은 광주光州 대신 하늘이 울고 있다. 여야가 함께 자리한 가운데 식순에 따라 침통한 마음이 이어지고 있다. 오월 어머니들과 동행한 대통령과 유족회장의 모습이 색달랐다. 정부 요인들과 동행하던 기본적인 형태가 아니어서 새로웠다. 헌화, 분향에 이어 소년, 소녀들의 합창으로 〈오월의 노래〉가 불리고, 자식을 잃고 남편을 잃은 어머니들이 금남로를 비롯해 5.18을 겪은 장소들을 찾아다니며 합창했다.

또한 가수 나훈아가 80년 5월의 희생을 담아 만든 〈엄니〉라는 노래가 세상에 나오지도 못하고 묻힐 뻔했다가, 삼십여 년 만에 소리꾼 이봉근 씨가 헌정곡으로 부르는 모습에서 눈물이 터지고 말았다. 끝으로 합창단과 유족들과 대통령을 비롯한 정부 요인들과 참석자 몇천 명이 함께 부르는 〈오월의 노래〉는 가슴을 찡하게 했다. 대통령은 기념사에서 "우리가 '오월의 정신'을 잊지 않고 계승한다면, 우리는 자유와 민주주의를 위협하는 모든 세력과 도전에 당당히 맞서 싸워야 하고, 그런 실천적 용기를 가져야 한다."라고 밝혔다.

그다음 민주의 문을 통해 기념식장인 '국립5.18민주묘지'에 입장했고, "오월의 정신은 우리 자유민주주의 헌법 정신 그 자체이고, 우리가 반드시 계승해야 할 소중한 자산이다. 우리를 하나로 묶는 구심체다."라고 기념식에 걸맞은 기념사를 했다. 우리는 민주국가의 자유 국민이다. 이에 비추어 매년 5.18 기념식 때는 여야를 막론하고 한자리에 모이기를 바란다. 그리고 5.18의 책임자들은 세상을 떠났지만, 그들의 후손들이라도 진정성 있게 다가와 5.18 묘역에 참배하기를 희망한다. 더 나아가서 생존한 전직 대통령을 비롯해 요인들까지 함께할 수 있는 '자유민주공원'이 되기를 소원한다.

우리 모두가 지켜 낸 민주와 자유는 귀하디귀한 가치이다. 단순히 추상적 이념을 넘어서 실천적 삶의 목표가 되고도 남을 것이다. 우리는 헌법에 명시된 민주국가이며 국민의 자유를 보장하는 나라다. 이에 반하거나 그 가치를 훼손하는 자는 국민 자격에 있어 결격사유다. 이 땅에 태어난 순간부터 우리는 대한민국 국민임과 동시에 민주주의에 따라 자유를 수호할 책임과 의무가 있다. 고로 오늘 5.18 묘역에 모인 대통령을 비롯해 삼천여 명의 참석자들은 '이를 표방하고 지키겠다'는 묵언默言(무언無言)의 암시라고 할 수 있다. 작년에 이어 올해도 5.18 기념식에 참석한 대통령을 보면서 '아직 기대할 만한 가치는 남아 있구나!' 싶어 흡족했다.

일각에서는 선거를 앞둔 행보라고도 하는데 액면 그대로 받아들이고 싶지는 않다. 사인私人이 아닌 공인公人인 대통령의 행보에 지리멸렬한 꼼수가 작용된다고는 믿고 싶지 않기 때문이다. 한 번 딛은 '5.18자유민주공원(망월국립묘지)'에 임기 동안 빠지지 않고 행사 때마다 참석한다면 이 또한 덕목이라고 믿는다. 보수 정권이 부정하고 왜곡하며 보낸 사십여 년, 이제라도 제대로 인정하고 바로잡아야 하지 않겠는가? 우리가 부정하고 왜곡하는 역사 앞에서 "일본의 왜곡된 역사를 바로잡으라."라고 말하기에는 어불성설이라 부끄럽지 않겠는가. 무엇이든 바로 세우려면 솔선수범할 수 있어야 한다. 우리 스스로가 역사 바로 세우기를 할 수 있을 때, 역사를 왜곡하기 바쁜 일본도 "앗, 뜨거워라." 하며 제자리를 찾아가지 않을까?

'순리는 순리를 낳고 역리는 역리를 낳는다'는 동서고금의 진리를 기억하고 잊지 말아야 할 것이다. 우리는 기억해야 할 것과 잊어야 할 것을 뒤바꾸면서 살고 있지 않은지 뒤돌아봐야 한다. 역사를 바로 세우고 기억하기 위해 우리부터 반듯하게 서자.

기회機會

KBS1 〈정오뉴스〉를 보면 '생활 뉴스' 코너를 진행하는 앵커가 눈길을 사로잡는다. 뉴스 코너를 보면서 처음으로 관심을 가졌을 때 옆지기가 얘기를 해 주었다. "〈정오뉴스〉에는 신체적인 장애를 가진 앵커가 진행하는 코너가 있다."라고 하기에 집중적으로 보았고, 그 후로는 기회가 닿을 때마다 챙겨 보는 계기가 되었다. 그때는 휠체어를 탄 분이었고, 지금은 시각장애를 가진 분이 진행을 한다.

휠체어에 의지했던 분은 어느 순간 알아보지 못할 정도로 미모가 돋보였다. '능숙해져서 긴장하지 않고 능력 발휘를 제대로 할 수 있고, 거기에 사람을 누구나 아름답게 만든다는 카메라 마사지를 받아서' 그렇다고 짐작을 했다. 어린아이들이 부르는 동요 중에 "텔레비전에 내가 나왔으면 정말 좋겠네, 정말 좋겠네."라는 노랫말이 있다. 뉴스를 진행하면서 인생 그 어느 때보다도 스스로가 대견하고 자랑스럽지 않았을까? 열심히 살아온 내력에 대한 보상의 시간이기도 했을 것 같다. 그래서 회차가 거듭 진행될수록 알아보지 못할 정도로 아름답게 빛나지 않았을까?

지금 생활 뉴스 코너를 진행하는 분은 시각장애를 가진 분이다. 점자 자판을 두드려 가며 뉴스를 진행하는 모습이 안정적이고 차분해서 보기 좋다. 모든 감각을 동원해야 하기에 환하게 웃는 모습을 자주 볼 수는 없지만, 풍기는 분위기나 인상이 참해서 전달하는 뉴스에 신뢰가 간다고나 할까? 전임과는 또 다르게 빛이 날 것 같아서 볼 수 있을 때마다 열심히 찾아 볼 것이다.

여러 사람에게 기회를 준다는 측면에서 보자면 이렇게 바뀌는 것이 자연스럽고 바람직하다. 기한을 정해 놓고 진행하라는 것은 좀 그렇지만, 자연스럽게 교체하는 방식은 괜찮은 것 같다. 보통 앵커들도 교체되는 시기가 있는 것이 일반적인 것을 보면, 생활 뉴스의 경우도 비슷한 이유가 아닐까 싶기는 하다. 너무 잦은 교체는 무리수가 따를 것 같고, 또 너무나 긴 시간이 지난 후에 하는 교체 역시 마찬가지다. 아무리 좋은 것도 '너무'가 붙으면 더 이상 순기능을 한다고 볼 수는 없기 때문이다.

또다시 '생활 뉴스' 앵커가 바뀌는 날이 오겠지만, 기회를 많은 사람에게 열어 놓는다는 측면에서 보자면 바람직한 일이기에 〈정오뉴스〉를 볼 수 있을 때마다 집중해서 볼 것이다. 신체적인 장애를 가졌어도 얼마든지 훌륭하게 해낼 수 있다는 것을 인정하기 때문이다. 누구나 잘할 수 있는 일이라고 할 수는 없겠지만, 일단 그 자리에서 뉴스를 전달하는 사람이라면 신뢰할 것이다. 앞으로도 짧지만 역량 있는 '생활 뉴스'를 오래도록 보게 될 것 같다. 그리고 전달된 뉴스를 실생활에 반영시키며 그들의 전문적인 일에 응원하며 박수 칠 것이다.

변호사 우영우

〈이상한 변호사 우영우〉를 오늘 처음으로 보기 시작했다. 뉴스에서 드라마에 대한 소식을 접했고 채널을 돌리다가 눈에 잡혔다. "드라마에서 '팽나무를 보호수로 지정하느냐?'의 문제를 놓고 지역민들이 중지를 모으고 있다."라는 내용의 뉴스를 본 것이다. 뉴스를 통해 드라마를 소개받은 것과 다름없었다. 따라서 채널을 돌리며 찾고 있는데 마침 재방송으로 9~10회를 연이어서 볼 수 있었다. 앞으로도 쭉 챙겨 보게 될 것 같다. 수목드라마로 밤 9시에 시작한다니 채널 번호까지 메모해 놓고, 그때가 되면 붙박이로 앉아서 시청을 했다.

'서번트증후군'을 가진 우영우는 아빠와 단둘이 살고 있는데, 엄마는 대형 로펌 대표인 것 같다. 아직 어떤 상황인지 잘 모르는 지금, 어쩌면 첫 회부터 봐야 어떤 이야기인지 윤곽이 드러날 것이다. 처음부터 보는 드라마와 중간에 보기 시작하는 드라마를 이해하는 것은 다른 이야기다. 왜냐하면 주제별로 나누어서 각 회차를 풀어 내기 때문에 상관없을 것 같지만, 중심 이야기는 중간부터 보게 될 경우 전후좌우가 바뀌어 혼란스럽기 때문이다.

"드라마상에서 그려지고 있는 '서번트증후군'과 실제로 살아가는 '서번트증후군'이 달라서 보호자들로부터 항의가 나오고 있다."라는 소식도 뉴스로 접했다. '서번트증후군'이 어떤 분야에 천재적으로 능력이 뛰어난 경우도 있지만, '발달장애'로 또는 '자폐'라고 불리는 경우도 있다. 사회성이 떨어지고, 소통 능력이 낮고, 반복적인 행동을 보이는 등등의 면모를 보이고 있어서 직접 케어를 해야 하는 가족들에게는 드라마상에서 그려지고 있는 내용이 현실과 동떨어진 이야기라 이질적으로 느껴지는 것 같다. 비현실적으로 지나치게 특수한 상황을 그려 내는 드라마 주인공인 '우영우'를 통해 상대적인 박탈감은 물론 특정 장애가 미화된다는 인식이 불협화음을 내고 있는 듯하다.

드라마 〈이상한 변호사 우영우〉를 보면서 '서번트증후군'과 관련한 기억이 떠올랐다. 가족 중 한 사람이 '서번트증후군'인 아이를 직접 케어하고 있다는 경험담을 들었고, 내가 경험했던 기억도 났다.

관련한 기억은 삼십여 년 전이었다. 조부모와 부모가 모두 인텔리층으로 수준 높은 가정이었는데 그 집안의 아이가 바로 '서번트증후군'이었다. 아이는 일주일에 두세 번 정도만 내가 근무하는 원에 나왔다. 다른 아이들처럼 종일토록 있다가 가지 않고, 등원을 했다가 두세 시간만 머물렀다.

원에 오면 미끄럼틀 밑에 들어가 나오지 않았고, 그 누구와도 눈을 맞추지 않았다. 다른 원아가 들어가서 장난감 또는 교구 또는 본인이 가지고 온 물건을 만지거나 하면, 같은 행동과 같은 소리를 반복해서 원아들이 가까이 가지 않았다. 그렇게 감정 컨트롤이 잘 안 되는 아이를 케어할 수 있는 사람은 원장님뿐이었다.

특별했던 아이로 기억의 갈피에 남아 있다가 비슷한 경우의 이야기를 듣거나 하면 어김없이 튕겨져 나왔다. 어떤 천재성이 있었는지 모르고, 다만 서민들 중에서 선택받았다는 평을 들을 만큼 좋은 환경에서 태어났음에도 불구하고 상당히 특별했던 아이. 우영우처럼 천재성을 살려 긍정적으로 어떤 역할을 하고 있을 수도 있고 아닐 수도 있다. 지금쯤 삼십 대 후반의 나이가 되었을 것이다. 내가 근무했을 때 5~6세 정도였으니까.

그리고 가족 중 한 사람이 '서번트증후군'의 아이를 밀착 케어하고 있다. 역시 좋은 환경에서 태어난 아이로 한 분야에서 천재성을 보이고 있다는 애기를 들었다. 부계나 모계 역시 사회에서 뛰어나다고 인정받는 직업군에 종사하고 있다. 내가 직·간접적으로 경험한 '서번트증후군'이 드라마와 약간의 유사성이 있다.

우영우도 아빠는 어떤 분야인지 아직 모르지만 지극히 성숙하고 인간적인 품성을 지녔다는 것은 느낄 수 있다. 엄마는 위에서 말한 대로 대형 로펌 대표이니 더 설명할 필요가 없다. 우영우가 S대 출신 변호사로서 특별한 역량을 보이는 것이, 전혀 예상할 수 없는 일이라고는 할 수 없다. 사람이 백인백색인데 '서번트증후군'의 경우도 마찬가지가 아닐까 싶다. '음악과 미술, 체육, 수학, 의학, 법학 등등의 분야에서 천재성을 발굴하느냐, 못 하느냐'는 부모가 가진 경제적, 사회적인 조건과 무관하지 않다. 또한 유전적인 차이라고 할 수도 있을 것이다.

3회차에 걸쳐서 본 우영우는 '순수하다, 정직하다, 의롭다, 인정이 많다, 솔직하다' 등 여러 장점을 가지고 있는 특별하면서도 자연스러운 사람이다. 편견의 눈을 들이대지 않으면 그 누구보다 자연스럽고 올바르다. 꼭 필요한 말을 또박또박 쉽고 단순하게 한다. 암기한 법 조항에 대한 설명도 일반인들이 이해하기 쉽게 끊어 읽듯이 한다. 직업상 알게 된 의뢰인의 비밀을 타인에게 노출시키면 안되는데, 경우에 따라 필요하면 동료에게 자문한다. 복잡하고 어려운 문제를 일상적인 상황이나 어떤 물체에 대입시켜 설명하는 천진하고 순발력이 있는 예외적인 면도 가지고 있다. 그런 그녀는 참 사랑스럽고 귀염성이 있고 예쁘다. 그리고 어떤 법조인보다 법조인답다. 사람이 가야 할 길과 가지 말아야 할 길을 단순하고 명쾌하게 스스로 선택해서 구김살 없이 간다.

왜 그토록 인기리에 방영되고 있는지, 뉴스에서조차 다루는지, 회차를 거듭할수록 알 것 같다. 중간부터 보게 된 드라마라서 그대로 순항하는 대신 정신 줄 바짝 잡아야 한다. 왜냐하면 1회차부터 차근차근 보는 한편, 본 시간대에 방영되는 중후반 회차까지 겸해서 보는 중이다. 그래서 인물들의 관계도는 물론 어떤 이야기가 깔려 있는 캐릭터인지 이해하면서 보는 재미가 있다.

우영우는 '서번트증후군'을 가졌으나 법 공부를 했고, 이름 있는 로펌의 변호사다. 순수하고 천진스러운 성향으로 반듯하고 의롭게 사회적 역할을 다하고자 노력한다. 문을 열고 들어갈 때 손가락을 구부리며 '하나, 둘, 셋'을 세고 들어간다. 그런 그녀의 행동 하나하나까지 의미 깊게 보인다. 무슨 일을 시작하기 전에 '심사숙고하라'고 알려 주는 것만 같고, 그 안에서도 준비할 시간을 주기 위한 배려인 것 같았다. 그러다 보니 사소한 행동 하나마저 일반인들에게 공감대를 형성하고 깊은 감동을 주고 있다. 드라마가 인기 있는 이유는 우영우의 모든 것들이 우리의 공감을 이끌기 때문은 아닐까? 우영우는 독특한 방식으로 주변인들과 소통하는데 영롱하게 맑고 명료하다. 그런 변호사 한 사람 우리 곁에서 보고 싶고 가까이하고 싶다. 아니 친구가 되고 싶다.

코로나19 영웅들

2022년 6월 27일 오전 9시 KBS1 〈아침마당〉에서 '고맙습니다. 방역 최전선의 영웅들'을 봤다. 최일선에서 '코로나19' 방역을 위해 불철주야 노력한 분들을 대표해서 의사, 간호사 등 의료진을 비롯해 소방대원까지 출연했다. 오래전부터 늘 그분들의 고마움을 생각해 왔음에도 불구하고 그분들의 생생한 인터뷰는 심금을 울렸다.

대한민국을 드높인 '코로나19 드라이브스루' 아이디어를 처음 낸 김진용 의사. 일반 종합병원을 '코로나19' 전담 병원으로 선뜻 내놓은 평택 박애병원 김병근 원장. 코로나19 전천후적 대응 방안의 총대를 멘 이재갑 교수. 그 외 여러 분들이 계시지만, 방송이 끝난 후 기록을 했기에 다는 담지 못했다. 이름을 외우지 못해 죄송스럽다.

코로나 환자를 돌보기 위해 자신의 아이가 확진이 되었어도 옆에 있어 주지 못했다는 이야기는 의료진 어느 한 명의 일은 아니지 않았을까? 위급한 산모와 신생아를 위해서 얼마나 긴박하게 대처를 했는지, 상황별로 현장감 있게 들을 수 있었다. 또한 방호복을 입고 불편함을 감수하면서까지 위험군에 속한 사람들을 돌보느라 애쓴 분들의 경험담은 가슴이 찡하게 아렸다. 가족들이 임종조차 못 하고 유리벽 너머에서 지켜보는 모습을 속수무책으로 바라봐야 했던 안타까움에 대해서도 숙연한 마음으로 경청하게 했다.

그중에서도 특히 주의 집중해 들었던 종합병원을 코로나 거점병원으로 일시적 변경을 결정한 원장님의 쉽지 않은 결단이 놀라웠다. 수많은 병원들 대신 위중한 코로나 환자를 전담했다는 것도 장한 일이었다. 하지만 더 놀라운 건 점점 늘어나고 병세가 심각해지는 확진자를 위해 주차장까지 병실로 개조했다는 사실이다. 모든 과정이 쉽지 않은 가운데 "관계 당국과 공무원들의 선처에 고맙다."라고 오히려 겸손한 모습을 보였다. "다시 그 시점으로 가면 같은 결정을 하겠느냐?" 하고 사회자가 묻자 "조금 더 고민하는 시간을 줄여서 빠르게 대처했을 것이다."라고 대답했다. 아무나 할 수 있는 일은 분명 아니었다. 소방공무원은 "부부가 같은 직종이다 보니 너무 바빠서 아이들을 시어머니께 맡기고 들여다보지 못해서 나쁜 며느리이자 엄마가 된 것 같다."라고 했다. 그 말에 사회자는 "자랑스러운 며느리, 엄마였을 것이다."라고 하며 자격지심을 지워 냈다.

방송을 보면서 시청자들이 문자 응원을 보낸 내용 중에 "우리는 우리만 지키면 되었는데, 의료진들은 전 국민을 지키느라 고생하셨기에 눈물 나게 감사드립니다."라는 말에 같은 마음을 얹어 박수를 보냈다. 군대 대신 역학조사반에 자원해 최선을 다한 공중보건의는 의무복무기간이 만료되자, 스스로 '코로나19'가 종식될 때까지 계속하기로 했단다. 역학조사를 잘한 결과로 대한민국의 '코로나19' 확진자를 최소화할 수 있었고 안정적으로 전담할 수 있었다고 한다. 의료진 한 사람 한 사람이 얼마나 책임감 있게 장하고 대단한 일을 했는지 확인할 수 있는 시간이었다. 채널을 돌리다 우연히 보게 된 프로그램이지만 참으로 귀하고 소중한 시간이었다.

확진자가 60만 명대로 정점을 찍고 점진적으로 줄어 지금은 하향 곡선을 유지하고 있다. '코로나19'가 아직 끝난 것은 아니지만 이대로 자연스럽게 종식될 수 있기를 바란다. 그럴 수 있으려면 '코로나19' 위기 행정을 담당한 실무자와 전국 의료진들로부터 확진자들을 케어하는 데 협력할 것은 협력하고 조심할 것은 조심할 일이다.

각계각층의 노력이 빛나는 이때 의료진의 책임 있는 소명 의식에 감사 인사와 박수를 아낌없이 보낼 수 있어서 참 좋다. 워낙 많은 이야기를 짧은 시간에 소화시키려다 보니 빠져 버린 이야기가 떠오른다. 선별검사소에서 'PCR' 검사를 했던 간호사의 경험담도 그분들이 일선에서 어느 정도로 힘들었는지 가늠할 수 있었다. 경험담으로 웃지 못할 해프닝 중에 하나가 있다. 술에 취해서 오는 분들은 위험해서 원칙대로 검사를 하지 않는데 "왜 검사를 안 해 주냐?" 하며 술주정을 하기도 한단다. 게다가 코를 아프게 찌른다고 "발로 차 버리겠다."라고 협박하는 경우도 있었단다. 겨울철에는 추위를 피하려는 노숙자들의 쉼터 겸 잠자리가 되기도 했는데, 심지어는 용변을 보고 간 사람도 있어서 그 뒤처리까지 해야 하는 고충이 있었다는 얘기에 대신 부끄러웠다.

여러 곳에서 '코로나19'라는 공통분모를 가지고 각자 맡은 바 임무와 책임을 다해 준 분들께 고개 숙여 감사하는 시간이었다. 유사 이래 겪어 보지 못한 '코로나19'라는 초유의 사태를 이겨 내기 위해, 한마음으로 훌륭한 일을 해낸 분들을 초대해 이야기를 듣는 시간이기도 했다. 누구 하나 빠지지 않게 안배를 잘하는 사회자의 모습 또한 보기 좋았다. 수많은 이야기들 중간에 적절히 개입해서 우리가 궁금했던 부분을 끄집어내고 정리하는 사회자도 돋보이는 시간이었다.

그분들의 살신성인에 감정이 이입되어 정말 자랑스러웠다. 짧은 시간 동안 많은 분들의 이야기를 통해 2년이 넘는 '코로나19' 시국을 되짚어 보는 시간이었다. 아무나 할 수 없는 일을 잘한 수많은 영웅들과, 누구나 겪어 내야 했음에도 불구하고 잘 따라 준 전 국민들의 노력이 만나 오늘의 안정기를 이루었음을 감사한다.

재유행이 올 수도 있다지만 '이미 경험한 경험치를 바탕으로 잘 헤쳐 나갈 수 있지 않을까?' 낙관을 하게 된다. 방송을 통해 '코로나19' 영웅들을 만난 후라서 걱정은 줄이고 조심성은 높일 자세가 되었다는 뜻이다. 우리는 위기에 강한 대한민국 국민이다.

우리의 오월은

하나,

우리 가족들은 뒷밭에 나가 고구마를 심고 있었다. 그때 피난민들이 지나갔고, 끊임없이 이어지는 행렬들을 보면서 전쟁 상황을 떠올렸다. 피난을 하는 일반인을 본다는 것은 우리 상상력의 한계점을 찍기에 충분했다. 며칠을 걸어서 넘어 온 것처럼 행색들은 초라했고, 심지어 끈으로 신발을 묶은 사람들도 있었다. 그때의 장면으로는 '피난민', 소리로는 '콩 튀는 소리처럼 들려오던 총소리'와 '흉흉한 소문들'이 있다. 그것들은 우리를 몸서리치게 했다.

이윽고 오월이 지나고 휴교령이 해제되자 다시 학교로 갔을 때 친구들과 선생님들로부터 소문의 실상을 가감 없이 전해 들었다. "유언비어이니 믿지 말라."라고 뿌려지던 삐라(전단지) 내용이 날조된 거짓이었다. 시민군으로 활동한 사람들 중에는 내 친구도 있었다. 친구도 "행주산성에서 아낙들이 주먹밥을 날랐듯이 광주에서도 주먹밥을 날랐다."라고 했다. 현장감 넘치는 이야기에 "장한 일을 했다."라며 안아 주고는 등을 토닥토닥했었다.

우리가 통제되던 도시 너머인 변방에서 치른 오월이, 친구들에게는 얼마나 치열했는지 전해 들었다. 심장은 쿵쾅쿵쾅 튀어나올 것만 같았고, 멈추지 않는 소름에 서늘해질 수밖에 없었다. 남도 지방의 유월은 여름이라 더워야 했음에도 불구하고, 소름 돋는 이야기는 드라마보다 더 드라마틱했다.

'폭도로 몰리거나 치안 부재에 따른 불미스러운 일이라도 벌어지면 개죽음이 될까?' 하며 염려하는 시민군들은 교도소를 지키는 한편 치안도 책임졌다. 그렇게 일궈 낸 5.18이 '사태'로 불리거나 '폭도'로 몰릴 때도 있었다. 그러나 정황 증거가 될 만한 사진들이 이미 해외 파견 기자들을 통해 대서특필되거나, 소명 의식에 따라 전달되어 일파만파 전해졌다. 그렇게 전해진 근거와, 시민들이 찍어 놓은 사진들과, 등사기로 밀어 전해지던 특보들이 있었다. 그렇게 긴 시간을 바쳐 '민주화운동'이라는 명예를 회복했고, 명약관화明若觀火한 이름으로 불렸다. 또한 폭도가 아니라 민주화를 위한 절대적인 희생이라는 명예가 회복됐다. 복권으로 '열사 ○○○'이 되기도 했다.

스무 살에서 예순두 살이 되는 동안 지지부진할 때도 있었고, 정부 차원에서 '진상규명조직위'가 결성되기도 했다. 갈 길이 멀고 힘에 부치는 일이기도 했지만 지금껏 계속되고 있다. 지속적인 관심과 지켜보는 자세가 우리에게 주어진 일이기도 했다. 5.18을 폄훼하려는 몰지각한 자들로부터 지켜 내고 역사를 만들기 위한 과정이다.

'5공화국 광주 청문회'를 통해 우리가 본 것은 거짓과 모르쇠로 일관되던 면피용 대답이었다. 바라보고 지켜보면서 손을 움켜쥐게 할 때마다 '하늘이 무섭지 않느냐?' 하고 묻고 싶었다. 우리는 중심이 아니라 주변인이지만 각자 할 수 있는 만큼 책임을 져야 한다. 왜냐하면 우리는 몸소 부조리와 부대끼고 싸우며 그 일을 겪은 오월의 영령들에게 빚을 진 사람들이다.

그들의 목숨과 피로 지켜 낸 민주주의를 가볍게 여기거나 거저 얻은 것처럼 가치를 평가절하해서는 안 된다. 있는 그대로 알아야 하고, 어떤 특정인들에 대한 엄호를 위해 거짓증언을 하거나 진실을 왜곡해서는 안 된다. 또한 온갖 채널을 통해 무분별하게 자행되고 있는 증거인멸을 멈춰야만 한다. 그것이 과오에 대한 책임을 지고, 최소한의 반성을 하고 사죄하는 길이 아닐까. 실수는 누구라도 할 수 있지만 '그 실수를 어떻게 만회하느냐, 재발하지 않게 하느냐'가 중요한 일이다. 이는 그 시대를 살아온 우리 모두가 책임지고 또 책임져야 할 일이다. 오월의 영령과 역사 앞에 떳떳하려면.

둘,

다큐 프로그램을 통해 알게 된 사실이 있다. 시민군을 향해 발포하라는 명령에 불복해서 모진 고문을 받고 시름시름 앓다가 죽어 간 영웅들도 있었다. 명령에 살고 명령에 죽는 계급사회에서 상명 하달을 하는 대신, 소신에 따라 명령을 내린 것이다. 그것은 바로 광주 치안감 승진을 눈앞에 두고 있던 '안병하 님'에 대한 이야기였다. 그는 시민군에게 발포하라는 명령을 받고도 "추이만 지켜보며 시민 안전을 위해 발포하면 안 된다."라고 지시를 내린 죄로 직장도 건강도 명예도 잃어버린 것이다. 그는 전직 장교로 예편 후 경찰에 투신하여 간부의 자리에 있었다. 그런데 가장이자 남편이자 아버지로서 살지 못하고 유명을 달리한 것이다.

명예로운 사람이었지만 명예는 실추되었고, 승진을 앞두고 있었지만 억지 퇴직을 당했고, 실추된 명예가 회복되고 치안감으로 추서되기까지 오랜 시간이 걸렸다. 그의 역할이 얼마나 귀하고 장하고 명예로웠는지에 대한 일례를 들자면, 5월 21일 이후 경찰에 인적·물적 피해로 접수된 것이 한 건도 없을 정도였다. 오히려 "시민들은 경찰들의 퇴로를 열어 주며 물심양면으로 도왔다." 하는 증언들이 남아 있다.

또 한 사람 '이준규 목포 서장'이 있는데, 그 시대의 영웅으로의 명예 회복이 되었다. 참으로 당연한 귀결이었다는 생각이 든다. 왜냐하면 그 당시 목포에서도 시민이 주도하는 평화로운 시위가 지속되었고 무혈 시위로 끝이 났다. 그럴 수 있었던 것은 경찰서에 있던 총들을 모두 섬으로 옮겨 위험 요인을 없앴기 때문이다. 그로 인해 시민들의 희생이 없었던 것이다. 그럼에도 불구하고 윗선으로부터 명령 불복종에 따른 책임을 가혹하게 추궁당했다. 그렇게 병을 얻은 그는 오래 살지 못하고, 결국 유명을 달리했다.

위에 열거한 인물들은 명예가 회복되고 경찰로서의 직위도 추서되고 국립 현충원에 들어 영면할 수 있었다. 하지만 '그때 발포 명령자를 따르지 않았다.'라는 이유로 직장을 잃은 11명 경찰관들의 명예 회복과 계급 추서를 위해 지금까지도 노력 중이라고 한다.

그들 모두의 명예가 회복되고 5.18 민주화운동이 국가적인 차원의 기록물로 보존되는 그날까지 진상규명은 계속되어야 한다. 방송을 통해 우리가 몰랐던 사실까지 알게 되면서 거짓된 영상물에 속지 않으려면 제대로 알아야 한다. 수많은 시민군들 외에도 경찰, 군인 등의 국소적인 희생 또한 외면하지 말아야 한다. 그때는 '명령 하나로 움직이는 엄중한 시기'였기에 그들의 소신과 신념으로 선택한 희생 또한 시대적 비극이 아닐까 싶다. 있는 사실을 그대로 인정하고 주관과 객관을 차별하지 않는 전체적인 기록물로 남기고 넘어갈 때 역사는 바로 서지 않을까? 입장에 따라 가감하거나 짜깁기한다면 그것은 이미 기록물로서의 가치나 의미가 없다.

셋,

남편과 5.18에 관한 얘기를 나누다가 새롭게 알게 된 사실이 있다. 바로 ○○대학교 신입생이던 남편도 정문 앞에서 공수부대가 휘두르는 곤봉에 네 대씩이나 맞고 병원에 갔다. 워낙 위급 환자가 많은 탓에 부어오른 팔꿈치 정도는 환자 축에도 들지 못했다. 치료 대신 붕대로 간단하게 팔걸이를 한 채 나왔고, 맞은 자리가 아리고 저린 증상은 몇 달 동안 계속됐다. 지금도 비가 오려고 하면 아프다고 하니….

그동안에 우리 가족은 5.18의 피해를 입었거나 희생된 사람이 아무도 없다고 믿었다. 그런데 알고 보니 우리 가족 중에도 직접 피해를 입은 사람이 있었다. 상흔이 보이지 않는다고 해서 천만다행이라고 말할 수는 없다. 수많은 희생자들에 비하면 감히 표현조차 할 수 없을 만큼 미비하다. 하지만 아무리 미비해도 피해자라는 것은 맞는 말이다.

5.18이 '유네스코 세계기록유산'으로 등재되기는 했지만, 정작 우리나라 중요 역사 자료로 기록되지 못한 점이 부끄럽고 아쉽다. 당연히 현대사現代史에 기록되어야 하는데, 그러지 못했으니 정신적인 유산으로서 의식이 부족하다고 할 수 있다. 이름은 있는데 이름표를 달지 못했다고나 할까? 민주주의 발전을 위해 치열하게 항거한 사람들과 그 가족들의 사기士氣 문제이기도 하다.

거기다 발포 명령자들은 이미 이 세상 사람이 아니다. 그들이 떠나기 전 말끔하게 정리하고 결론을 맺고 갔으면 더할 나위 없겠지만 상황이 그렇게 되지 못했다. 이제 남아 있는 사람들이 할 수 있는 일은 역할에 따라 다르다. 모든 일을 책임지고 해결할 수 있는 사람은 결정을 잘하면 되고, 실무를 담당하는 사람들은 다각도에서 해결법을 찾아내면 된다. 일반인들은 관심을 갖고 바라보며 박수를 칠 수 있을 때는 박수를, 지적을 해야 할 때는 지적을 하면 된다. 상하좌우上下左右의 합동과 협동으로만 이룰 수 있는 중요한 일이다.

우리의 오월은 하나로 기억되지만, 가지마다 다른 의미로 펄럭이는 오월이다. 그 일을 제대로 기록할 수 없는 이유 중 하나가 자료가 완벽하지 않아서 퍼즐이 맞춰지지 않는다는 것이다. 누군가는 그 자료를 챙겼을 것이다. 그 중요성을 알고 있는 사람들에 의해 보존保存, 보관保管되었으리라고 믿고 싶다. 그래서 퍼즐 조각들이 짝을 이루어 하루빨리 역사로 기록될 수 있기를 간절히 바란다.

노래가 되다

2020년도에 열린 5.18 민주화운동 40주년을 기념하는 '노찾사'의 무대는 '전일빌딩 245' 옥상이었다. 혼성 듀오 6인의 노랫소리는 사연들이 스미고 스며서 소름이 돋았다. 양팔을 문지르게 했고 머리를 부여잡게 했다. 중간중간 그날의 촬영 영상과 사진들을 보며 다시 경악할 수밖에 없었다. 무고한 시민들과 임산부 어린이까지… 슬프고 혹독한 역사였다.

그 주역들은 떠나갔고, 이제 남은 것은 '어떻게 갈무리를 하느냐'가 관건이다. 지나간 역사일지라도 전범들은 잘못을 인정하고 사죄와 사과를 한다. 내란음모죄로 법정에 섰던 두 전직 대통령은 감옥생활과 추징금과 범칙금으로 단죄를 했다. 하지만 그들의 결과는 다르게 나타났다. "이십구만 원밖에 없다."라고 큰소리치며 끝까지 버티다 간 주역과, 금전적인 책임은 졌으나 병증으로 인해 아들이 대신 국민들 앞에 사죄를 한 주역. 그들은 2021년도에 앞서거니 뒤서거니 유명을 달리했다. 온 국민들의 심정은 여러 갈래였다. 특히 광주 사람들에게는 허망하기 이를 데 없는 사건이라고 할 수 있다. 역사 앞에 사죄 없이 추징금과 범칙금도 완납하지 않고 가 버린 한 사람의 뒷모습을 보면서 통탄을 금할 수가 없었다.

사람이 살다가 세상을 떠나는 마당에는 좋은 것만 기억하며 보내는 것이 인지상정이다. 그러나 그들에게는 끝까지 너그러울 수 없는 입장이 되어 버린 것이다. 아무런 힘도 없는 일반인으로서 '사죄하고 가라'고 빌고 빌었다. 그렇게 하고 갔다면 얼마나 좋았을까? 이미 지나 버린 역사를 되돌릴 수 없는 일인데, 진심으로 사죄하고 진정성 있게 사과했다면, 보내는 입장에서 헌화는 못 하더라도 시간이 지나고 역사가 제대로 기록했을 때, 우리의 상처는 '민주 정신'으로 아물었을 것이다. 그리고 오래도록 이어 갈 '민주화'라는 꽃을 피워 내고 안착되어 갔을 것이다.

지금도 그 정신은 살아 있다. 민주주의를 지켜 낸 자긍심과 함께 우리 후손들이 그 열매를 거둬들여 아름다운 역사가 될 것을 안다. 정부 측에서라도 정식으로 사죄를 한다면 떠난 이들을 대신할 수 있고 책임질 수 있는 일이다. 즉 면피용 입장 표명만 하고 떠나 버린 두 전직 대통령을 대신해서 짚고 넘어가야 할 시점이라고 생각한다. 몇 년 후면 반세기가 된다. 그날이 되기 전에 국가 차원에서 마무리를 잘하면 참 좋겠다. 이제 50주년을 기념하는 날까지 제대로 된 역사를 위해 인정할 것은 기록으로 남겨 그들의 공功, 과過, 사私, 모두 구분할 수 있게 되기를 간절히 바란다.

일제 치하를 살았던 조상들의 치욕적인 공功, 과過, 사私 모두 재검증을 할 때가 있었다. 술에 물 타고 물에 술 타는 식으로 "일제 치하에서는 목숨을 부지했다는 것만으로도 부끄러운 친일이었다."라고 뭉뚱그리는 말을 들으면서, 순간적으로 의문부호가 찍혔고 부끄러움을 느꼈다.

물론 젊어서는 흑백으로 갈라야 직성이 풀리는 혈기 왕성한 때다.

청장년들의 노고와 피로써 지켜 냈다고 해도 과언이 아니다. 그러다 보니 참혹한 역사에 많은 피를 흘리며 죽어 간, 젊은 패기와 용기 있는 영령들의 숭고한 정신으로 지켜 낸 자유민주주의라고 할 수 있다. 같은 일이 재발하지 않도록 살아 있는 역사로 지켜야 한다. 지금 우리가 할 수 있는 최선이다.

'코로나19'로 2년 동안 기념식을 제대로 치르지 못했는데, 올해로 42주년이다. '광주 사태'라 몰리던 「내란음모죄」의 주역들에게 '민주화운동'이라는 이름을 찾아서 안겨 주기까지 많은 사람들의 혁혁한 공로가 있었다. 이제 그들이 떠나고 없는 시점에서 우리가 할 수 있는 일은 '5.18 민주화운동' 그 정신의 불씨를 잘 살려서 꺼지지 않게 자유와 민주주의를 옹호하고 지키며 실천하면 된다. 어지럽던 시대에 머리띠를 두르고 거리로 나가 피를 흘리며 쟁취했던 우리들의 '민주주의'를 이제는 지켜 내는 것이 관건이다.

우리가 지켜 낸 정신이 세계로 일파만파 퍼져 나가고 있다. 내전을 치르는 국가에서 노랫말까지 그대로 따라 부르고 있는 모습을 보면서 전율이 일었다. 오월의 발자국은 따라 걷는 사람들에게 신념과 투지를 주고 있다.

새로운 정부도 취임사에서 "'자유'와 '민주주의'를 국민들에게 돌려주겠다."라고 공표하지 않았던가? 그것을 잘 지킬 수 있도록 지켜보는 기다림이 필요한 때가 아닐까 싶다. 높은 나무에 올라간 사람들이 흔들리지 않고 목표를 달성하고 내려올 수 있도록 맑은 눈으로 지켜보려 한다. 거기다 더 보태서 약속이 이뤄질 경우 박수 칠 준비까지도 하고 있다. '꽉 편 그 손을 두 주먹 움켜쥐고 다시 머리띠를 두르고 거리로 뛰어나가도록 만들지 말기'를 간절히 기도한다. 우리의 오월이 살아 있기를, 쥐었던 두 주먹 풀고 박수 칠 수 있는 날이 오기를 간절히 기도한다. 줌인 해서 바라보고 지켜보며 2022년 오월과 2030년 오월을 기다리는 중이다.

고등학교 때 역사 선생님이 해 주신 말씀이 있다. "우리나라는 지정학적으로 아주 중요한 곳이다. 중국이 차지하면 단도가 되고, 미국이 차지하면 망치가 되는 위치에 있다. 그래서 열강들이 반을 갈라 보이지 않게 그 힘을 발휘하려고 하는 것이다. 우리는 그것을 잘 이용해서 국익을 꾀할 수 있어야 한다. 그러기 위해서 우리나라는, 비록 지금은 휴전선으로 갈라져서 대치 상태지만, 안으로는 부단히 서로 협력해야만 부강한 나라로 발돋움할 수 있다. 그러면 우리는 무엇을 열심히 해야 할까?" 우리는 이구동성으로(한 학급이 70명 이상이었다) "공부요~"라고 교실이 떠나가라 대답했다. "우리는 알아야만 같은 실수를 반복하지 않고, 또 그들이 원하는 대로 꼭두각시 노릇을 하지 않을 수 있다. 그러기 위해서 너희들은 부단히 공부하며 깨어 있어야 한다."라고 이르고 알려 주시던 참교육의 스승님이 떠오른다.

역사 선생님은 깨어 있는 의식을 몸소 보여 주셨다. 역사책 진도를 나가는 시간 외에 약간의 틈이 생길 때마다 교과서에 실리지 않고, 우리가 꼭 알아야 할 참교육을 해 주신 분이었다. 지금도 살아 있는 교육자들이 일선에서 학생들의 배움에 대한 열망을 채워 주며 깨우쳐 주시기를 기대한다. 우리는 부끄럽지 않은 대한민국의 국민이 되기 위해 제대로 알아야 할 책임과 의무가 있다. 선생님들은 제대로 가르쳐 줘야 할 책임과 의무가 있다. 우리 모두 책임과 의무를 다할 수 있을 때 우리의 비전과 미래는 밝을 것이다.

로컬푸드

국토 면적이 넓은 나라에서 1990년대부터 시작된 '로컬푸드'가 전 세계적인 유행이 되고 있다. 이는 먼 거리를 운송하는 동안 농산물이 상할 수 있어서 방부제 등의 약물을 도포하는 것을 줄이거나 순화시킬 수 있다는 장점이 있다. 운송 시 이동 거리를 최대한 줄이기 위한 방안이기도 하다. 신선한 농산물을 가까운 거리를 통해 바로 공급하고 구입할 수 있다. 건강한 식생활을 할 수 있도록 하는 방식인 것이다. 사전적 의미로는 '장거리 수송 및 다단계 유통과정을 거치지 않은 가까운 지역에서 생산한 농식품'을 말하며, 이때 지역의 범위로는 국가와 사람마다 다르게 규정하기도 한다. 일반적으로는 행정구역인 '시, 군, 도의 경계 내'로 정한다.

국내에서는 2006년도부터 완주군을 시작으로 점차적인 로컬푸드의 사회적 가치에 주목하기 시작했다. 보다 포괄적인 과정에서 규정과 제도가 생겼으며, 이에 대한 인식 구조를 뒤바꾸고 준수 실태를 엄중하게 감시하고 실시하는 추세다. 그러다 보니 두세 가지 측면의 신뢰적 기반이 마련된 것이다. 첫째, 전적으로 국산 농산물이다. 둘째, 친환경인증마크를 받은 신선한 농산품이다. 셋째, 한두 시간 이내 거리에서 기른 농산품으로 유기농 농법에 우선한다. 이러한 약속은 '로컬푸드'라는 이름을 쓰기 위한 기본 조건이다. 이는 우리가 안정적인 식생활을 위해 노력해야 하는 조건들을 모아 놓았다고 볼 수 있다.

"인증 절차가 제대로 이루어지는지 어떻게 알 수 있느냐?" 하고 묻는 이들이 있을 수 있다. 그래서 구매자로서의 입장으로 접한 내용을 먼저 말하고자 한다. 직접 로컬푸드에 농산물을 납품하는 주변 사람을 통해 들은 얘기로는 "하천 물을 농작물에 뿌렸다가 농약이 검출되어 6개월 동안 납품 정지를 당했다."라고 했다. 이렇게 꼼꼼하고 확실하게 점검하고, 관리·감독하는 과정을 거쳐 소비자의 요구를 충족시키는 시스템으로 운영된다. 반복되는 점검 시스템에 의해 자리 잡아 가고 있다.

'로컬푸드'에 대한 이야기는 진즉부터 들어 왔다. 하지만 그 때는 시골에서 농사지은 것을 공수해 먹을 수 있었기에 직접 경험하고 체득할 기회는 없었다. 그러다가 최근 들어서 가까이에 소재한 곳을 몇 번 이용할 기회가 있었고, 소량 포장된 농산물을 구입하면서 체감할 수 있었다.

'로컬푸드'는 긍정적인 측면과 보완해야 할 측면이 있다. 긍정적인 측면으로는 신선하고 건강한 채소를 생산자가 납품하면 소비자가 눈으로 직접 보고 바로 구매할 수 있다. 판매 대금이 바로바로 생산자의 계좌로 입금된다. 소량을 판매처의 매대에 진열하고 구입량에 따라 생산자와 소비자가 직거래를 하고 있다. 그래서 때로는 생산자가 매대에 농산품을 진열하는 모습을 볼 수 있다. 옥구 '로컬푸드'는 군산시를 가까이 끼고 있어서 매대가 상당히 넓고 다양한 신선 채소와 식품이 진열되어 소비자가 선택할 수 있는 폭이 넓다. 그뿐만 아니라 소비자들의 기대감을 충족시키고 있음을 알 수 있다.

즉 가까운 거리에서 생산자가 직접 재배하고 채취하고 포장해서 매대에 진열한다. 소비되는 양만큼 채워지는 방식이다. 그 중개자가 바로 '로컬푸드'로 약간의 수수료만을 받고 있기에 삼자가 모두 윈윈이라고 할 수 있다. 생산자는 중간 유통 단계를 거치지 않고 판매 대금을 그대로 받을 수 있어서 좋다. 소비자 역시 신선한 채소를 저렴하게 구입할 수 있다. 판매처인 '로컬푸드'도 장소를 제공하여 건강한 식품을 관리·감독하는 대신 수수료 수입을 얻기에 삼각구도를 이룬다.

판매처의 역할 중에 하나는 다양한 상품을 같은 장소에서 한 번에 구입할 수 있어야 한다는 점인데, 이를 충족시키기 위해 다른 상품들도 구비되어 있다. 농산물 외에 수산물, 공산품 등이 진열되어 논스톱 쇼핑을 유도하고 있다. 이로써 농식품의 수요와 공급을 조절하고, 고객을 만족시키기 위해서 다양한 물건을 판매한다. 그러다 보니 경제적 순환을 위한 일자리도 창출하고 있다고 볼 수 있다.

다만, 우리 집은 채소 농사를 짓고 있다 보니 '로컬푸드'를 자주 이용하지는 않는다. 하지만 다른 소비자들을 위해 농식품의 가격대를 정할 때 '로컬푸드'만의 장점인 '신선한 농산물을 저렴하게'를 고수해 주기를 진심으로 바란다. 또 한 가지 다양한 상품을 구비해 달라고 부탁하고 싶다. 강력하게 요구할 수 없는 이유가 자주 이용하지 않으면서 '이것 해 달라. 저것 해 달라.' 할 수는 없기 때문이다. 가장 안정적인 구도인 삼각형의 원리가 잘 살아 움직인다면 '로컬푸드'의 명맥이 살아 있을 것이다. 삼박자가 유지될 때 제대로 농사를 짓는

‘농자천하지대본農者天下地大本’과 건강한 먹거리 유통 시스템을 위한 최적의 방식이 아닐까 싶다. 즉 건강한 먹거리가 우리의 건강을 지키고, 나아가서는 면역체계까지 아우른다고 할 수 있다.

과거를 기억하는 도시

뉴욕 맨해튼 2001년 9월 11일 화요일 오전 8:45 북쪽 타워 그리고 9:03 남쪽 타워 두 번에 걸쳐, 납치한 비행기 테러로 세계 무역센터 쌍둥이 타워가 불타고 1시간 42분 만에 무너졌다. 그뿐만 아니라, 세 번째로 납치된 비행기는 9:37 미 국방부 본부 펜타곤 서쪽면에 충돌하여 건물 일부가 붕괴되었다. 네 번째 납치당한 항공기는 워싱턴 D.C.를 향해 비행했으나, 10:03 펜실베이니아주 생크스빌 들판에 추락하였다.

백악관이나 미국 국회의사당으로의 예상됐던 타격은 탑승객들이 막은 것이다. 항공기 납치, 자살 공격, 대량 살인, 이슬람 테러리즘으로 분류되는 대형 사고로 2,996명의 민간인과 알카에다 테러리스트 19명이 사망, 25,000명 이상이 부상당한 참사였다. 그리고 그 자리에 추모 공원이 만들어졌다.

붕괴된 세계 무역 센터 부지는 2002년 5월 정리가 끝났다. 이 테러는 역사상 가장 사망자가 많은 테러였다. 소방관 340명, 경찰관 72명이 순직해 미국 역사상 단일 사건으로는 가장 많은 소방관과 경찰관이 사망했다. 테러 이후 사망자를 추모하는 뉴욕의 '내셔널 셉템버 11 메모리얼 & 뮤지엄', 버지니아 앨링턴군의 '펜타곤 메모리얼', 펜실베이니아주 추락 현장의 '93편 국립 추모관' 등 수많은 추모 기념관이 건립되었다.

그중 '11 메모리얼 & 뮤지엄' 추모 공원에는 두 개의 사각형으로 된 구조물이 건립되었고, 가장자리에는 사망자 2,996명의 이름이 새겨져 있다. 방문객들이 그들의 이름을 쓰다듬고 기억할 수 있게 한 것이다. 서로 인연이 있고 연관이 있는 이름들을 같은 곳에 새기는 배려도 보인다. 또한 공원에 인공 폭포를 조성하여 물을 계속 흐르게 했다. 영속성, 그 하나에 추모의 마음을 담은 것이다. 그곳에는 물소리만 가득하다. 추모의 마음을 집중할 수 있게 공간과 소리 등이 어우러지고 있다. 공모전에서 선정된 무명의 신예 건축가가 설계하였는데, 순수한 열정과 신박한 아이디어가 돋보이는 곳이다. 추모의 공간으로 충분히 뜻이 깊고 '미국'이라는 나라의 정체성을 잘 살렸다는 칭송을 받고 있다. 또한 그 당시 건물이 붕괴되고 남은 철 구조물과 계단 등을 전시관에 그대로 전시했으며, 벽면을 가득 채운 푸른빛 카드는 사망자 숫자와 그날의 하늘빛을 표현하고 있다. 그것을 알게 된 순간 '기억을 일상 속에 녹여 사람들 속으로 스며들게 했구나!' 싶었다. 비극조차도 직접적인 아픔과 비통을 넘어 은유적으로 표현한 설계자와 건축가, 기획자까지. 그들의 깨어 있는 정신, 사회성과 정체성에 놀라고 있다.

비극을 비극으로 함몰시키지 않고 은유적이고 차원 높은 해석을 통해 사람들 속으로 들어온 공간이다. 끊임없이 흐르는 물의 영속성이 비극을 기억하고, 희생자를 추모하는 마음은 영원할 것을 고스란히 보여 주고 들려주고 있다. 기회가 된다면 직접 가서 보고 느끼고 싶다. 남아 있는 사람들이 할 수 있는 일은 오래 기억하고 재발 방지를 위해 최선을 다하는 것이다.

이 마음과 저 마음

독일은 2차 대전 직후 전쟁 관련 인물들에게 전쟁의 책임을 물어 지도층에 발붙일 곳이 없게 물갈이를 했다. 반면 일본은 2차 대전 후 관련 인물들에게 전쟁의 책임을 묻거나 지게 하는 대신 솜방망이 처벌에 그쳤다. '눈 가리고 아옹' 하는 식으로 처리를 했기에 전범들이 요직에 그대로 눌러앉을 수 있었다. 그러다 보니 역사에 관한 인식과 반성의 의지가 천지 차이天地差異다. 독일은 국가에 따라 입장을 달리하지 않는다. 가해를 한 역사적 사실 앞에 무릎을 꿇고 과오를 숨기고 가리기 위한 노력 대신, 있는 그대로 역사적 사실을 인정하고 관련된 장소를 유지하는 사업을 진행하고 있다. 입장 표명을 해야 할 자리가 있을 때마다, 그 시점에 최고의 자리에 있는 대통령이 진정성 있게 사죄를 하고 있다.

하지만 일본은 강자 앞에 약하고 약자 앞에 강한 면모를 여실히 드러내고 있다. 상대를 봐 가면서 사죄하고 배상하고 있는 것이다. 사과 역시 마찬가지다. 중국에는 찾아가서 무릎 꿇고 앉아 배상금을 직접 전했다. 또한 미국에는 공식적인 자리에서 자국의 죄를 스스로 인정하며 사죄하는 명명백백明明白白한 자세를 취했다. 그런데 우리나라를 대할 때는 전혀 다른 양상과 행태를 보이고 있는 것이다. 제대로 반성하지 않고 있다는 사실로서 역사 교과서 왜곡이 바로 이를 반증하고 있는 것이다.

일반인도 어떤 실수에 대해 반성하게 되면 다시는 같은 실수를 하지 않으려고 노력한다. 그런데 일본의 현실은 "반성을 했는데 또 무슨 반성을 하라는 것이냐?" 하고 되묻는 실정이니 참으로 통탄하고 개탄할 일이 아닐 수 없다. 잘못을 저지른 가해자가 피해자에게 용서하지 않는다고 채근하고 되묻는 것도 어이가 없는데, 초등학교 교과서에 역사 왜곡이라니, 대놓고 전혀 다른 모습을 보이고 있는 것이다. 그런데 우리나라 위정자들 중 일부는 그런 일본을 변론하기 바쁘고 편들기 바쁘다.

우리도 일제 치하에서 기세등등하던 친일파에게 책임을 묻기는커녕 그대로 지도층에 눌러앉게 했다. 부끄러운 역사를 되돌릴 수 없는 지금, 똑같은 일이 반복되고 있는 것이다. 일본의 제국주의적인 망발과 대한민국의 친일적인 망발이 역사적인 굴욕의 새로운 국면을 맞이하고 있다. 이를 통해 우리가 느끼는 현실은 부끄럽고 불안하다. 분노 수치 또한 높아지고 있다. 공인으로서의 입장과 평범한 사람의 입장은 전혀 다른 결과와 파장을 일으킨다.

그들이 주체가 아니라 우리가 주체인 역사관을 갖고 대낮에 반듯하게 뚫린 큰길을 걸어야 할 때라고 생각한다. 왜 같은 전범국가라고 해도 한 곳에서는 공개적으로 사죄하고 무릎을 꿇는지 조금만 생각해 봐도 답은 나온다. 그렇게 해야만 무거운 짐을 벗어 버리고 앞으로 전진할 수 있기 때문이다. 영리한 판단과 선택을 했다고 생각한다. "미련하면 수족手足이 고생한다."라는 옛말이 있는데, 수족手足을 수족首族이라고 고쳐 불러야 하지 않을까?

제목 없는 역사

치욕의 역사, 일제의 국권 찬탈 36년. 서울, 군산, 김제, 익산, 목포 등지에 이루 말로 다 할 수 없는 찬탈과 수탈을 위해 항만, 철도, 도로를 사통팔달로 뚫어 놓았다. 그러고는 "대한민국의 근대화를 앞당겼다."라고 자가당착으로 역사를 왜곡한다. 일본의 만행을 지켜보는 우리의 현실이 치욕스럽고 고통스럽다. 서울과 목포를 잇는 1번 국도와 목포와 부산을 잇는 2번 국도는 일제의 수탈과 만행의 역사이자 잔재다. 아시아를 넘어 태평양까지 전쟁을 통해 파국으로 치닫던 일본의 끝없는 야욕의 희생양이 된 우리나라다. 대한민국에서 전쟁물자를 조달하고, 그 근거와 책임을 회피하기 위해 교활하고 악랄하게 온갖 잘못을 자행했다. 그러고는 마치 대한민국을 위해 행한 것처럼 역사를 왜곡하고 둔갑시키는 그들의 농간이다. 이에 놀아나는 친일파적인 사고를 하는 일부 사람들에게 놀라고 실망했으며 치욕스럽기까지 하다.

"근대화를 앞당겨 주었다."라는 망발에 동조하는 일부 지식인과 지도층들의 사고에 '식자우환識者憂患'이라는 말을 아느냐고 묻고 싶다. 전쟁에 패망하고 본국으로 쫓겨 갈 때 가져갈 수 있었더라면 철도, 도로, 항만, 모두 뜯어서 가져갔을 것이다. 우리 문화재를 도둑질해서 본국으로 가져간 뒤 지금까지도 돌려줄 줄 모르는 그들을 보면서 "그런 소리가 나오느냐?" 하고 묻고 싶을 뿐이다.

역사를 왜곡시키는 일본 우익 단체의 패악을 규탄하고, 우리나라 역사의식을 일본에 저당 잡힌 청맹과니들을 규탄한다. 그리고 일본의 야심 찬 이주 정책으로 우리나라에 들어와 땅 짚고 헤엄치듯 부를 축적하고, 어마어마한 땅을 지녔던 지주들은 1945년 8월 15일 패망 후에도 광복한 우리 땅에서 끝까지 버티다 결국 쫓겨났다. 그들의 철저한 탐욕과 이기심에 경악한다.

진주만을 공격할 때 자국의 10~20대 젊은이들을 가미카제 특공대 소모품으로 삼았을 만큼 잔악한 자들이니, 다른 나라 국민들을 어떻게 이용했을지는 불을 보듯 뻔한 일이다. 수천 명에 달하는 우리 국민들이 징용으로 끌려갔다. '사도광산'과 '군함도'에 끌려가 광산 갱도에서 고생하던 것으로 부족해 나가사키에 투입해 미국의 원폭 투하 현장을 수습하게 했다. 철저하고 무지막지한 그들의 행태를 고발한다. 일제의 만행은 필설로 형용하기 어려울 정도다. 고질적인 전쟁광이었음을 만천하가 알고 있다.

근대 역사만 놓고 볼 때, 그들은 중일전쟁, 러일전쟁, 태평양전쟁을 치르기 위해 가리지 않고 인적·물적 자원을 수탈해 갔다. 군산과 목포를 거점도시로 삼아서 수단과 방법을 가리지 않고 찬탈해 간 것이다. 군산에 조선은행과 '18은행'을 만들어 일본인에게는 저리 대출을 해 주고, 조선인에게 고리를 받았다. 그뿐만 아니라 고리를 감당할 수 없는 조선인의 땅을 빼앗았다. 일본인은 저리로 빌린 돈으로 수많은 농토를 사들여 소작농인 조선인들이 그 땅에서 농사를 짓게 했다. 그곳에서 수탈한 쌀을 일본으로 운반하기 위해 항구 도시인 군산을 이용했다. 그것으로 부족해서 간척을 하고 동원된 노동에 대한 삯조차 주지 않는 등 안팎으로 수탈을 위해 혈안이었던 것이다. 그렇게 전쟁에 필요한 물자 조달을 했을 뿐 아니라, 그 악명 높은 '731부대'의 '마루타'로 불리는 인체 실험을 통해 흉악한 패악을 저지르기도 했던 것이다.

한반도 전역을 전쟁을 치르기 위한 도구로 삼아 소모품의 폐해를 안겨 준 것으로 부족해 태평양 진출과 중국 진출에 용이한 제주도까지 탐욕의 대상으로 삼았다. 일본 제국은 성산일출봉 아래 굴을 만들기 위해 제주민과 해남 알루미늄 광산 노동자를 강제 이주 하도록 시켜 '제6전초기지'를 만들었던 것이다. 그럼에도 불구하고 일반인들은 지금도 성산일출봉 밑에 그런 '전초기지'가 있다는 사실조차 모른다. 하지만 일본제국주의자들은 철저하게 조선인들을 기만하고 유린했으며 치부를 감추기 위해 모든 역사를 왜곡하고 있다.

그런데 일부 사회 지도층은 엄연한 대한민국의 국민이면서 마치 일본인인 것처럼 일본의 입맛에 맞게 역사관을 조명한다. 그들이 진정 한국인이라면 그런 역사관을 가질 수 없고 그렇게 말할 수 없다. 주체성도 없고 정체성 또한 없는 망발이 어떻게 나올 수 있는지, 공인公人으로서의 책임이 있는지 깊이 묻고 싶다.

역사의 현장에서 삼십 년 넘게 살아온 사람으로서 역사의식 고취에 정진하라고 일침을 가하고 싶다. 어둡고 치욕스러운 역사를 감추기보다는 산교육으로 삼자는 취지 아래 일본 수탈의 역사 현장을 그대로 보존하고 있는 도시는, 도시 자체가 바로 '근대역사박물관'이다. 부끄럽다고 역사를 감추거나 왜곡하는 대신 있는 그대로 보존하고 반복되지 않게 역사 바로 세우기를 하고 있다. "썩을 대로 썩어 있었던 조선을 일본이 발전시킨 것이다."라고 했던 천인공노할 인물들을 한 차에 태워서 똑똑히 보라고 역사의 현장을 답사踏査시키면 어떨까?

일제 말기, 같은 동네에 사는 친일 앞잡이가 있었는데, 어느 날은 "진지 잡수셨능교?" 하고 깍듯하게 인사를 치르며 괴이하게 웃더니 얼마 지나지 않아 우리 논을 앗아 갔다. 상당히 큰 논이었는데 30~40여 년 농사를 짓다가, 70년대 후반이었는지 80년대 초반이었는지 확실치는 않지만, 뜬금없이 논 한가운데다가 2층으로 큰 양옥집을 짓기 시작했다. '왜 갑자기 논에다 집을 짓나?' 의아했으나 그 이유를 알 수는 없었다. 하지만 얼마 지나지 않아서 백일하에 "일제 시대에 빼앗긴 땅을 원래 주인에게 돌려준다."라는 공고가 떴고, 그때는 이미 집이 완공된 후였다. 한동네에 살았기에 이미 집을 지은 땅을 내놓으라고 할 수는 없었다. 좋은 것이 좋다는 풍습대로 우리에게 공시지가만 치르고 그들은 논의 주인이 되었다. 공고가 뜨기 전에 친일 행각을 벌였던 자들과 그 후손들은 암암리에 서로 정보를 공유했고, 미리 집을 지어 놓고 합법적으로 땅주인이 되었던 것이다.

우리가 겪은 시대적 비통함은 조족지혈에 지나지 않을 것이다. 그렇더라도 우리 집은 일제 시대를 거치면서 가세가 기울 대로 기울었는데, 시대적인 불행과 할아버지의 병환이 이유였다. 거기다 친일파에게 땅을 빼앗기기도 했으니 역사의 풍랑과 소용돌이를 거치면서 몰락하고 있었던 것이다. 가세가 기울거나 늘어나거나가 극명하게 갈리는 시기였는데 따로 설명할 필요가 있을까? 물론 예외도 분명히 있기에 확실하게 가를 수는 없지만, 일제 시대를 거치면서 살림이 늘어난 집안은 집안대로, 살림이 줄어든 집안은 집안대로 까닭이 있을 테니 깊이 생각해 볼 일이다.

우리의 과거는 미래를 향해 뚜벅뚜벅 걸어가고 있다. 그 가운데 오늘을 사는 우리가 할 수 있는 일은 기억할 것은 반드시 기억해야만 하는 일이다.

매국노의 아들, 애국자

비운의 천재 과학자 우장춘 박사. 그의 아버지는 명성황후를 시해한 무리 중 한 사람으로 매국노가 되어 일본으로 피신해서 일본 여인과 결혼해 우장춘을 낳았다. 그리고 친구의 손에 죽임을 당한다. 홀로 아이들을 길러야 했던 어머니는 유복자인 동생이 태어나자 우장춘을 절에서 운영하는 고아원에 맡길 수밖에 없었다. 그는 아홉 살 되던 해에야 어머니를 따라서 집으로 돌아올 수 있었다. 어머니는 영양실조로 야윈 아들을 헌신적으로 보살펴서 건강을 되찾게 한 후에 학교에 보냈다. 어렵사리 학교에 들어가서 공부를 위해서라면 온갖 고생을 마다하지 않고 결국에 그는 박사가 된다. 그리고 농업 연구소에 들어가 화훼 연구를 했고, 홑꽃을 겹꽃으로 교배종을 만들어 대성공 신화를 쓴다. 하지만 그 공은 연구소 몫으로 돌아갔다. 그는 연구소에 큰 성과와 경제적 이익을 통째로 안겨 준다. 그럼에도 불구하고 우장춘 박사는 물질적인 것에는 크게 관심을 보이지 않았다. 오직 학문 연구로 논문에 박차를 가했다. 그러다 논문 발표를 코앞에 둔 어느 날 연구소에 불이 나서 모든 연구 결과가 불타 버렸다.

이에 굴하지 않고 우장춘 박사는 민간 연구소로 자리를 옮겨 곡식의 종자 연구를 계속하게 된다. 그러던 어느 날 신문을 통해 '전쟁 중에 아사로 죽어 가는 대한민국의 상황'을 알게 되고, 당시 수교가 되지 않았던 한일 관계 속에서 귀국을 위해 노력한다. 방법을 모색하자마자 바로 포로수용소를 통해 대한민국으로 보내 달라고 내민 서류에는 그가 '한국인'이라는 증거가 표기되어 있었다. 어렵사리 확인 절차를 거쳐 마침내 귀국을 하게 된다.

그때부터 농지에 우량 품종을 심고 종자 개량을 하는데, 전쟁으로 상황이 점점 더 어려워지자, 사비로 구입했던 땅을 조금씩 팔아 가며 연구를 지속한다. 이윽고 배추, 무, 감자 등의 품종을 개량해서 농민들에게 농사를 짓게 한다. 그러나 자신들의 경험에만 의지해 농사를 짓는 농민들의 고집은 쉽게 꺾이지 않는다. 우장춘 박사는 '씨 없는 수박'으로 농민들의 관심을 유발시킨 후 그들을 설득한다. 결국 농민들이 개량 품종으로 농사를 지으면서부터 산출이 점차적으로 늘게 된다.

그 덕을 높이 평가하고 칭찬하는 대통령 표창과 훈장이 병원에 입원한 그에게 전달되자 기쁜 마음으로 받는다. 그리고 사흘 후에 우장춘 박사는 세상을 떠난다. 아파서 병원 신세를 지면서도 문병을 온 동료들에게 연구 중이던, 일 년에 두 번 파종해서 농사를 짓는 벼에 대해서 묻는다. 결국 연구 중이었던 벼를 가지고 동료를 문병 오게 할 만큼 열정 하나로 버티다가 훈장을 받자마자 세상을 떠난 것이다.

아버지가 매국노라는 사실을 가슴에 품고, 그 마음의 빚을 갚기 위해 사재를 털어 가며 연구에 연구를 거듭했다. 노력이 빛을 발하는 순간에 그는 세상을 떠났지만, 마음은 그 어느 때보다 홀가분했을 것 같다. 매국노의 자식으로 태어나 조국을 위해 헌신했고, 그 짐을 벗을 수 있었으니 인간 승리가 아니고 무엇이었겠는가.

제목이 말해 주듯이 뼈를 깎는 고통으로 감내해서 결국 '애국자'라는 이름으로, 아버지의 '매국노'라는 빚을 탕감한 그의 일대기는 극적이기까지 했다. 깊은 상처가 만들어 낸 옹이가 옹이로 끝나지 않고 애국의 꽃을 제대로 피워 낼 수 있었던 것이다. '삶'이 사람을 줄인 말이라는데 그 삶 속에 아버지와 아들이 스며들어서 역사의 한 장면이 되고 있었다. 우리는 두 이야기 모두 기억할 수 있어야 한다. 빛과 그림자는 떼려야 뗄 수 없는 관계라는 사실이다. 그럼에도 불구하고 빛만 보려 한다거나 그림자만 보려 한다면 반쪽짜리가 된다. 온전한 인정과 이해를 할 수 있으려면 반쪽만으로는 불가능하다. 온전한 역사 인식만이 미래로 나아갈 수 있는 바른 길이다.

제4부

이야기가 익는 마을

– 이야기는 이야기

1. 영, 긴 동그라미
2. 청군 백군
3. 쉼표 그리고 마침표
4. 자리

영, 긴 동그라미

숫자 일이 길을 나섰다. 맨 처음 영을 만났을 때 손을 잡지 않았다. 영은 숫자가 아니고 아무것도 아니라고 그냥 지나친 것이다. 이를 만나 함께 가자고 했지만 이는 일이 자신보다 작다고 무시하고 쳐다보지 않았다. 삼을 만나고 사를 만나고 오를 만났을 때도 이런저런 핑계를 대며 함께할 생각이 없는 표정이라 그냥 지나쳐 갔다. 일은 멈추지 않고 계속해서 숫자 육, 칠, 팔, 구를 만났지만 결과는 마찬가지였다. 실망감으로 기운을 잃고 터벅터벅 걸어가고 있을 때 저쪽에서 반갑게 달려오는 영을 다시 만났다. 영은 말없이 따라왔고 일은 그런 영이 안돼 보이기 시작해서 가만히 손을 잡아 주었다. 그러자 숫자들이 몰려와서 서로 손을 잡자고 아우성이었다. 자기보다 작다고 거들떠보지도 않던 숫자 일과 영이 손을 잡으니 그 누구보다 큰 십이 된 것을 보고 놀라, 서로 손을 잡자고 달려드는 것이다.

일은 깨달았다. 자신이 무시했던 영도, 자신을 무시했던 다른 숫자들도 서로 손을 잡으면 무한대의 숫자가 될 수 있다는 사실 말이다. 일은 부족했던 지난날을 반성하며 겸손해진 자신을 바라보게 된 것이다. 영을 무시했던 자신이 다른 숫자들과 만날 때마다 갖은 핑계에 밀리게 되자, 정해진 것은 아무것도 없다는 것을 깨달았다. 언제 어디서 누구와 만나느냐에 따라 큰 숫자가 될 수 있었던 것을 알게 된 일의 여정은 삶의 진정한 의미를 찾아 가는 여행이었던 것이다.

일은 자신보다 남들이 못하다고 생각하는 것 자체가 오만의 극치라는 사실을 깨달았다. 그때 아무렇지 않게 다가와 준 영은 스스로 잘났다고 뻐길 줄만 알던 일에게 겸손의 미덕을 알게 했다. 영은 더하기도 빼기도 곱하기도 나누기도 안 되는 숫자로 독립적으로는 아무것도 할 수 없다. 그렇지만 모든 숫자는 영이 손을 잡아야 한 단계씩 올라갈 수 있다. 영은 절대적인 숫자였던 것이다.

일의 자리에서도 영이 손을 잡아야 십이 될 수 있고, 또 다음 단계로 나아갈 수 있다. 십의 자리에서도 백의 자리, 천의 자리, 만의 자리에서도 영을 만나 손을 잡아야만 다음 단계로 넘어갈 수 있다. 영은 정점의 숫자였던 것이다. 혼자서는 있는 것도 없는 것도 아니지만, 일에서 구까지 영을 만났을 때야 다음 자리로 넘어갈 수 있으니 말이다.

영은 자신의 존재 이유를 알았을까? 어떤 경우라도 수용하고 인정하는 아량을 가진 숫자 영, 참으로 큰 숫자가 아닐 수 없다. 존재 자체가 너그럽고 어떠한 경우라도 영향을 받지 않는 성숙되고 자존감 높은 영. 그럼에도 불구하고 존재감 없이 낮은 자세로 다가가는 영. 마주 잡자고 내미는 손을 뿌리치지 않고 반갑게 마주 잡을 줄 아는 영.

숫자가 알려 주는 삶의 미학이 바로 그것이다. 모든 것을 갖춘 사람은 어떤 상황에서도 기죽지 않고 두려워하지 않으며 본인이 가지고 있는 것을 드러내 자랑하지 않는다. 뻣뻣하거나 부자연스럽지 않고 스스로를 추켜세우지 않는다. 있는 그대로 합체하여 스미거나 상대방을 조건 없이 받쳐 주는 것이다. 키웠고 존중했고 인정받게 했지만, 할 일을 하고 나면 어떠한 생색도 내지 않는다. 본인이 남보다 더 많은 것을 가졌다고 뽐낼 필요조차 느끼지 못한다. 그런 사람이 바로 영처럼 살아가고 있는 것이다. 부족한 부분을 채워 주는 배려와 겸손을 지닌 채 생색을 내거나 밖으로 드러내지 않고 조용히 사는 사람들이 많은 사회가 건강하다고 볼 수 있다.

젊을 때는 옳고 그름에 치우쳐 정의의 사도처럼 용기백배하며 살기 위해 고군분투한다. 하지만 세상살이가 만만하지 않다는 것을 알게 되는 순간은 생각보다 빨리 온다. 부모의 그늘에서 이상적으로 살 때는 순수한 열정만으로 살 수 있지만, 그 시기를 넘어가는 순간 하나둘씩 무너진다. 삶은 이상과 현실의 괴리를 어떻게 극복할 것인가의 문제다. 시간이 지나 뒤돌아보면 타협하거나, 테두리 밖으로 밀려난 아웃사이더가 된다. 테두리 안이라고 해서 안전하게 보장되는 것은 없다. 끊임없는 경쟁에서 밀려나지 않으려면 피나는 노력과 타협만이 살길이다. 말이 좋아서 타협이지 사실인즉 복종이다. 찰리 채플린의 출세작 〈모던 타임즈〉 영화처럼 하나의 기계 부속품으로 사는 것이다.

모두가 영이라고 말을 해 주고 싶지만 그럴 수가 없는 것이, 영이 아니라 소수점 끝자리일 수 있기 때문이다. 영인 줄 알았지만 반올림으로 인해 인정받는 정수가 되든가 버려지는 처지라서 모두가 영이라고 할 수 없는 것이다. 혼자서는 숫자가 되지 못하는 영보다도 불안하다. 반올림 또는 버려지는 숫자일 수밖에 없는 불특정 다수에 포함되어 있는 우리가 아닐까 싶어서 잠시 불안해하는 중이다.

영이 되려면 어떻게 해야 할까? 길쭉한 동그라미로 살 수 있어야 한다. 길쭉한 동그라미는 멈출 수 있고 구를 수도 있다. 동그라미라서 그 누구도 부담스럽게 여기지 않고 스스로 만족할 줄 안다. 안분지족의 성향이라 넘치지도, 모자라지도 않게 살아갈 수 있다. 말 그대로 정도正道를 갈 수 있고 앞장서지 않아도 되는 가장 편안한 입장이다. 자신이 한 번 손잡아 줄 때마다 누군가는 한 단계 뛰어오를 수 있는 유일무이한 존재. 없어서는 안 되는 절대적 존재이면서 유별나지 않아도 되는 안정적이고 완성된 숫자라고 부를 수 있다.

보통인 우리들이 바라는 최선의 입지는 궁극적으로 영이 아닐까. 중요한 순간 무게중심을 잡아 주는 역할만으로 삶의 의미를 찾을 수 있다면 영처럼 살 수도 있지 않을까.

청군 백군

비틀이가 있었어요. 뭐든지 비틀어 버리는 재주가 있었죠. 좋은 이야기도 비틀이를 거치면 비틀어지는 묘한 재주꾼이었죠. 좋은 일은 뒤로 감추고 좋지 않은 일들만 앞세우고 다니며 이것도 비틀고 저것도 비틀며 앞서갔어요.

세움이가 뒤따라갔어요. 비틀어 버린 것을 열심히 바로 세우며 쫓아가기 바빴어요. 한 바퀴 돌고 나면 또 비틀어진 것들이 기다리고 있어서 다시 세우기를 반복했죠. 가다가 지칠 즈음 인상 쓰는 대신 좋은 일들을 떠올리며 웃을 수 있었고 힘들다고 엄살을 부리지도 않았어요.

그 모습을 보게 된 비틀이는 자신을 돌아보는 대신 왜 비틀어야 했는지 입장 세우기에 바빴죠. 누군가에게 탓을 돌리기 위해 아무나 끌어들여야만 했어요. 마치 청군, 백군이 팀을 나누어 색판 뒤집기를 하는 것 같았어요. 빨강색 판과 파랑색 판을 나누어 어떤 색이 많은지 가르는 게임을 하는 것처럼 비틀고 세우기를 반복하는 것이었지요.

그러다가 비틀이는 세움이가 힘들면 힘들수록 웃는다는 것을 알게 되었고, 그 모습조차 싫어지기 시작하자 제 편을 모으기 시작했죠. 그때부터는 더 속도를 내고 비틀기를 하면서 '이래도 웃을 수 있어? 그래도 웃을 수 있어? 저래도 웃을 수 있어?' 억지를 부리기 시작했어요. 마치 웃는 대신 찡그리거나 울어야만 그만둘 태세였어요. 세움이는 그런 비틀이를 보면서 따끔따끔 가슴이 아팠어요. 비틀이가 왜 저러나 생각하다가 가여워지기 시작했어요. 아무것도 몰라서 그러는 것인데 탓을 해서 뭐 하나 싶었죠.

세움이는 어느 날부터 미워하는 대신 이해하고 인정해 버리면 마음의 짐도 가벼워진다는 것을 하나둘씩 깨달았어요. 삶의 앞뒷면이 같으면서 다르다는 것을 알게 되었어요. 비틀어진 것들을 발견한 순간에 바로 세우면 뒤에 드는 노력이 줄어들었어요. 하지만 시간이 지나 더 비틀린 것을 바로 세우려면 몇 배의 노력을 해야 했어요. 그뿐만 아니라 세상에서 그대로 돌아오는 것은 거의 없었어요. 비틀림이 몇 배로 커져서 돌고 돌아오는 참된 이치를 모르니 비틀이가 그러는 것이라 이해할 수 있었을 때 가엾고 가여웠어요.

비틀이는 어릴 때부터 꾸중만 듣고 잘못한 것만 꼬집히며 부정적인 말을 많이 듣고 자랐어요. 비틀이는 비틀이가 될 수밖에 없는 이유가 있었던 거지요. 그러다 보니 보고 들은 것들이 비틀어져 있을 가능성이 높았어요. 비틀게 보고 비틀게 생각하다 보니 뭐든지 비틀어야 마음이 편하고 그런 마음이 잘 통하는 사람들과 있을 때 사는 것 같았으니까요. 서로서로 비틀어진 이야기를 주고받으며 위안을 삼았고, 동지애를 느끼면서 편을 갈라야 직성이 풀렸죠. 그러다 보니 한 사람, 두 사람 성토대회를 하듯이 몰아세우기를 좋아했어요. 그렇게 시간은 흐르고 흘러 어른이 되었고 노인이 되었어요. 그때까지도 그렇게 하는 것이 좋았고, 제대로 잘 살고, 재미있게 사는 것 같았어요. 분명히 같은 자리에서 같은 이야기를 주고받았는데 비틀이의 입을 통해 전해진 말은 전혀 다른 의미로 탈바꿈되어 갈등의 씨앗이 되었지요.

하지만 세움이는 많은 이야기 중에 더 좋은 뜻을 전하기에 바빴어요. 당사자가 미처 말하지 못한 행간까지 읽어서 필요한 사람에게 전했죠. 상대방이 들어서 좋지 않은 이야기는 꿀꺽 삼켜 버린 채 옮겨 주지 않았어요. 세움이를 통해 전해 들은 사람들은 작은 오해쯤은 쉽게 풀 수 있었죠. 모두 사이좋게 지내는 것을 좋아해서 옆에 있는 사람들이 서로 부축했어요. 그래서 세움이를 통해 사람들의 이야기를 전해 들은 사람들은, 주변 사람들을 좋은 사람으로 믿게 되었어요.

세움이는 세움이가 될 수 있는 이유가 분명했어요. 어릴 때부터 조부모님은 물론 누구에게나 사랑을 많이 받고 자랐거든요. 그뿐만 아니라 소소한 것으로도 칭찬 듣기 바빴어요. 말씨가 예쁘다는 칭찬을 비롯해서 글씨를 잘 쓴다, 성격이 선선하다는 칭찬 등을 듣고 자랐어요. 그러다 보니 기억하는 것이 달랐어요. 칭찬과 꾸중의 빈도는 비슷했겠지만, 비틀이는 꾸중만 기억하고 칭찬은 까먹는 병에 걸린 것처럼 지냈죠. 대신 세움이는 칭찬을 기억하고 꾸중은 까마귀에게 주고 살아왔어요.

그렇게 시간이 흐르고 흘러 어른이 되었을 때 각기 다른 모습을 놓고 자신들은 물론 주변 사람들도 놀랐어요. 같은 부모, 같은 환경에서 자란 비틀이와 세움이를 놓고 '왜 그럴까?' 궁금했죠. 그렇다고 남들이 모르는 단면만 부각시킬 수는 없었어요. 또한 누구나 알 수 있는 부분만 부각시킬 수도 없었지요. 중요한 것은 '무엇을 기억하고 살아가느냐'였어요. 그에 따라 전혀 다른 사람이 될 수 있다는 것을 기억하고 생각해야 해요.

'원인 없는 결과 없다'는 것을 앞에 놓고 열린 마음으로 비틀이를 바라보면 어떨까요? 또 세움이의 모습을 찬찬히 들여다보면 그만한 이유가 드러나지 않을까요? 그러려면 편견 없이 열린 눈으로 바라보고, 같은 생각으로 판단하고 같은 마음으로 이해해야 해요. 한쪽으로 치우치면 전혀 다른 결과가 나오니까요. 부정적인 성향도 긍정적인 성향도 완벽하지는 않거든요. 적당하면 강점이자 장점이 되지만 과할 때는 약점이자 단점으로 문제가 생기는 것이라고 보면 어떨까요? 모든 것이 적당할 때 좋은 역할이 되고 좋은 효과가 나오게 되죠. 즉 부족함도 과함도 없는.

거기에 딱 맞는 동화가 있는데 《잃어버린 한조각 나를 찾아서》 입니다. 이 빠진 동그라미가 제게 맞는 짝을 찾아 나섰어요. 여러 짝을 만나지만 꼭 맞는 짝이 아니었어요. 그러다가 꼭 맞는 제 짝을 찾아 끼워 넣는 순간 데굴데굴 잘 굴러서 엄청 좋아했어요. 그런데 언덕길에서 멈추고 싶어도 멈출 수가 없었어요. 데구루루 데구루루 계속 굴러야만 했으니까요. 결국 조각을 빼 버리고서야 '완벽한 동그라미로는 살아갈 수 없다'는 것을 깨달은 거예요. 멈출 수 없다는 것은 브레이크가 없는 기관차라서 위험하기 짝이 없는 일이거든요.

비틀이가 적당히 비틀면 반전의 미학이 나올 수 있고, 세움이가 적당히 세우면 안정감 있는 가운데 편안할 수 있는 것처럼 말이죠. 우리 함께 열린 마음으로 “청군 이겨라. 백군 이겨라.” 하고 응원하며 수많은 비틀이와 세움이를 바라보면서 잘 살아가자고요.

쉼표 그리고 마침표

2021년은 평생 잊을 수 없는 해로 남을 것 같습니다. 쉼표와 마침표만 잘 찍어도 문장이 부드러워져서 읽기에 편안하고 뜻을 전달하는 데 있어서 부족하지 않답니다. 국어적인 부분은 그렇고, 산술적으로는 더하고 빼기를 잘해야 합니다. 그 기본 원칙을 무시하지 않으면 곱하기 나누기가 따라다닙니다. 어느 것 하나 그냥 있는 것이 아닙니다. 기본에 충실하면 아무리 복잡한 문제도 쉽게 풀립니다. 즉 우리 삶에 몇 가지 기호만이라도 잘 쓰면 된다는 것을 알게 되었습니다.

반복해서 같은 구간을 가야만 하는 줄 알았고, 그것을 뛰어넘으려면 각고의 노력이 필요하다고만 생각했습니다. 그러다 타고난 인생을 잘 살아 낸 사람의 미생은 전혀 다른 판도로 바뀌는 것을 보게 되었습니다. 인생에도 '절댓값'이라는 것이 반드시 존재한다는 믿음과 심지 하나 깊게 챙길 수 있었습니다. 사람으로 태어나 잘 살다가 간다는 일이 쉽지 않은 일입니다. 떠나고 난 뒷모습이 홀가분하고 가벼운 가운데 아름답다면 더할 것도 뺄 것도 없습니다. 왜냐하면 한 가지 마음만 가지고 영위할 수 없는 것이 지지부진한 삶의 실제적인 모습이고, 좋기만 하다면 깊어질 수 있는 기회를 얻을 수 없기 때문입니다. 고단하고 욕된 순간들을 통해 속이 여물고 단단해질 수 있는데, 일부러 그런 기회를 얻고자 하지는 않더라도 살아가다 보면

구릉도 만나고 계곡도 만나기에 인생의 질곡을 경험할 수 있는 것입니다.

2021년 5월 11일 밤, 89세를 일기로 타계한 어느 가장의 이야기를 하기 위해 다소 복잡한 길라잡이를 했습니다. 평범한 가정에서 9남매를 낳았으나 여섯을 놓치고 3남매만 남게 되었습니다. 몸이 약한 형과 막내이자 외동딸인 동생의 가운데 낀, 둘째 아들로 살아온 그를 들여다봅니다. 그는 역사의 격동기를 지내느라 허송세월을 한 아버지 대신 억세질 수밖에 없는 어머니를 도와 일찌감치 가정사에 깊이 개입할 수밖에 없었습니다. 가난하고 고단한 우여곡절을 겪어내기 위해, 선친의 유랑 생활로 곤궁해진 집안 살림을 거들어야만 했던 것입니다.

그가 중학교 원서조차 못 쓰는 사정을 안타깝게 여긴 교장선생님은 그를 대신해 원서를 내주었습니다. 그 덕에 그는 중학교 입학시험을 볼 수 있었습니다. 수재 소리를 들을 만큼 공부를 잘해, ○○중학교는 만점으로 수석 합격을 하고, △△중학교는 역사 문제 하나를 놓쳐 2등으로 합격을 했습니다. 그렇게 하고도 입학할 돈이 없어서 동동거릴 때, 그의 재주를 아깝게 여긴 선친의 친구 여덟 명이 각출한 돈으로 어찌어찌 입학은 했습니다. 그러나 3년 학업을 이어 나가기에는 무리였기에 졸업까지는 할 수 없었습니다. 다행히도 서당 훈장을 한 그의 선친 덕에 신학문 대신 한학漢學은 놓지 않았으니 크게 보자면 공부에 대한 남다른 노력은 지속할 수 있었던 것입니다. 어찌나 열심이었던지 그는 '한석봉체'를 연습하느라 벼루 3개가 구멍 났을 정도였답니다. 그 덕이었는지 가정사는 물론 세상사를 보는 눈이 남달랐습니다. 선경지명先見之明이 있었다고 해도 과언이 아니었습니다. 그는 평범함을 추구追求하면서 비범한 삶을 살았습니다.

그가 25세, 그의 신부가 23세, 풋풋하고 꽃다운 나이에 결혼해서 3년 만에 첫딸을 얻었습니다. 그 딸이 돌 지나던 해에 "4대 봉사를 하는 장손은 양자로 보낼 수 없다."라는 문중의 입장대로 형님을 대신해서, 15대 종손인 백부님 앞으로 양자養子 되어 들어왔습니다. 그 이듬해인 1961년 봄, '60년 만에 탯줄을 걸었다'는 손孫 귀한 종가에서 둘째 딸이 태어났습니다. 첫딸이 때어났을 때 "소식을 듣자마자 낚싯대가 공중제비를 했다."라는 이야기는 전설처럼 전해졌습니다. 거기다 두 번째도 딸이라는 소리에 보름 정도 유랑을 하고 들어왔을 정도로 그는 실망이 컸습니다. 그런데 "딸이어도 귀한 탯줄이라." 하던 주변 분위기를 따라서 조부모는 딸을 귀히 여겼습니다.

하지만 입장이 달랐던 그는 손孫이 귀한 종가에 들어와 처음으로 낳은 자식이니, 아들이기를 간절히 바랐더라도 하등에 이상할 것이 없었습니다. 그의 부친은 마음을 다스리고 들어온 아들에게 "딸을 낳은 것도 가운이다." 하고 이치를 설명했습니다. 그는 속상한 나머지 "제가 그걸 알면 성인군자게요?"라고 속상한 마음을 부친께 비칠 정도였답니다. 그런데 세 번째도 딸이어서 모두들 입을 열지도 다물지도 못했는데, 그는 막 태어난 아기를 가만히 들여다보고 앉았더랍니다. 워낙 예쁘게 태어난 딸아이여서 그러지 않았을까 짐작합니다.

두 살 터울인 언니 눈에도 예쁘게 보였습니다. 특히 개의 등을 타고 마당에서 놀던 모습이 눈에 선합니다. 가까이 가면 등을 내주던 개와 한 몸처럼 놀던 그 모습이 떠오릅니다. 어른이 된 지금까지도 유난히 강아지를 좋아하는 것을 보면 희한합니다.

이윽고 네 번째로 태어난 아이가 바로 17대 종손인 첫아들이었습니다. 자작일촌인 온 동네가 "사실이냐?" 하고 묻고 갓 태어난 종손을 구경 올 만큼 들썩였습니다. 그 후로도 둘째 아들과 넷째 딸과 막둥이가 된 셋째 아들까지 3남 4녀를 낳아 기르면서 안 해 본 고생이 없을 정도로 힘겹게 살았습니다. 종손이지만 가용은 박했고 종가宗家라서 땅이 많다 보니 세금은 많았습니다. 그뿐만 아니라 식구는 많고 벌어들이는 사람은 그 한 사람뿐이었습니다. 식구가 열 명일 때도 있었으니 얼마나 숨이 가쁘고 고단했을지 짐작하기도 벅찬 일입니다. 이를 단적으로 나타내는 일화가 있습니다. 70년대, 막둥이가 눈 옆에 손가락 하나를 대고 엄마에게 백 원만 달라 했습니다. 대답이 없자 이번에는 눈 하나를 감고 윙크를 하며 십 원을 달라 했습니다. 그래도 엄마가 대답이 없자, "우리 집은 억대 거지야. 억대 거지."라고 했습니다. 땅만 많고 쓸 돈은 없다는 말이었습니다.

손孫 귀한 집안에서 바라는 것은 자손子孫이라, 7남매를 낳아서 먹이고 입히고 가르치다 보니 거의 날마다 그의 머리맡에는 청구서가 수북하게 쌓였습니다. 궁여지책으로 돈을 마련할 시간을 벌기 위해 최소 3일 전에는 '누가 언제 무엇에 얼마가 필요한지' 구색 맞춘 청구서를 놓아야만 했습니다. 그 날짜에 맞춰 그만큼의 액수를 챙겨 두면 아침마다 각자의 요구사항에 맞게 집어 가는 구조로 살았습니다. 정히 힘들 때는 "내가 한국은행 총재라고 해도 감당 못 하겠다." 라고 푸념할 때도 있었고 "내가 깨대인 줄 아냐? 거꾸로 들고 털면 나오는 깨대~"라고 하소연할 때도 있었습니다. 그래도 한 사람이 벌어 아홉 식구가 굶지 않고 살 수 있었으니, 그것만으로도 장한데 남부럽지 않게 교육까지 시켰으니, 사방에 대고 자랑할 만한 가장이었습니다.

7남매 가르치랴, 부모님 약 수발 들랴, 일어서기 힘들 정도로 버거웠을 때 일곱 마지기 논을 팔아야 했습니다. 그 사실을 얼마나 가슴에 묻고 살았는지 몇 년이 지난 후에 털어놓는 속내를 듣고, 종손이자 가장이었던 그가 지녔던 무게를 겨우 헤아릴 정도였습니다. 그런데 그가 회갑을 앞둔 해에 우연찮게 수중에 상당한 재화가 생겼습니다. 그때 맨 먼저 일곱 마지기 크기의 논을 연이어 세 개를 샀을 만큼 그동안 절치부심했던 것입니다. 강한 의지력으로 종손으로서의 도리, 자식으로서의 도리, 지아비로서의 도리, 아버지로서의 도리를 잘하다 보니 복을 내린 것인지, 그때부터 더는 궁색하지 않게 살았습니다.

이전에는 겉으로는 높고 큰 집터에 땅이 많다 보니, 남들이 부러워하는 부자로 보였지만, 안으로는 더할 나위 없이 궁핍한 생활을 했습니다. 그렇게 몸에 밴 삶을 살았던지라 여유가 생겼다고 막 쓰는 법이 없었습니다. 즉 한 마디로 요약하자면 "큰돈은 쉽게 쓰고 작은 돈은 아끼라."라는 원칙하에 쓴 것입니다. 이유인즉 "큰돈을 쓸 때는 꼭 써야만 하는 돈이라 쉽게 써야 하고, 작은 돈은 아무렇게나 쓰기 쉽다 보니 낭비할 가능성이 높다."라는 말입니다. 어릴 때부터 수없이 들던 이야기라 과할 것도 이상할 것도 없었습니다.

기억에 남는 몇 개의 이야기와 어록이 있는데 "누가 미련한 사람 잡아 오라고 하면 가난한 사람 잡아가면 틀림없다." "아무리 세상 이치를 알고 있어도, 가난하면 행할 수가 없으니 미련하게 살 수밖에 없다."라는 말이었습니다. 일리가 있어서 살면 살수록 뼈에 사무치는 말입니다. '없는 사람일지라도 몰라서 못 하는 것이 아니라'는 말도 됩니다. 이는 '없는 사람 무시하지 말라'는 은연중의 교육이고 진리일 수도 있습니다.

또 하나는 둘째 딸이 매주 목요일이면 집에서 저금을 가져갔었습니다. 그런데 졸업 시에 찾은 금액이 그보다 적다 보니 당연히 그 이유를 물었습니다. 이유인즉 학교 근처에 있는 출판사에 다니며 세계문학전집 중에서 읽고 싶은 것을 골라서 사다가 다락에 숨겼던 것입니다. 그가 "책을 샀으면 가져오너라."라고 하자 둘째 딸이 다락방에 감췄던 책들을 눈앞에 대령했습니다. 그는 잠시 숨을 멈추고 고민에 잠겼습니다. 그러더니 "학생이 저금하는 대신 책을 샀으면 잘한 일이다."라고 했습니다. '학생에게는 돈을 모으는 가치보다, 책을 사서 읽는 가치가 귀하고 높다'는 뜻을 보여 주었던 것입니다. 그 일에 감동한 둘째 딸은 세상에서 가장 멋진 아버지를 가졌다고 감격하며 지금까지 자긍심의 원천이 되었습니다.

또 하나는 그가 반찬 해서 먹자고 텃밭 가득하게 심은 오이를 칠 남매가 시도 때도 없이 따서 먹은 적이 있습니다. 이웃들까지도 함께 들어가 날이면 날마다 간식처럼 따 먹느라 오이밭에는 반찬거리가 남아나지 않았습니다. 그러던 어느 날, 오이를 따 먹고 있는 막내와 막둥이를 발견한 그는 자루를 하나씩 들려서 참외밭으로 데리고 갔습니다. 그리고 꾸중 대신 어린 힘으로 들고 갈 수 있을 만큼씩 참외를 사 주었습니다. 야단맞을까 겁먹었다가 참외 한 자루씩 얻었던 반전은 막내와 막둥이에게도 귀한 추억으로 남아 있습니다.

또 하나는 어린 소견에 무조건 서울 가는 기차를 탄 첫째와 둘째 딸을 쫓아간 일입니다. 바로 뒤의 기차를 타고 따라 올라간 그의 눈앞에 서울역 파출소에 보호 중인 두 딸의 머리가 보였습니다. 극적으로 세 부녀가 상봉하자, 파출소 관계자는 "너희들 아버지가 맞느냐?" 하고 확인을 한 후에야 인수인계를 했습니다. 어렵사리 만나게 된 딸들에게 야단을 치는 대신, 대학생이던 처남을 불러서, "데리고 다니며 창경원 등 서울 구경을 시켜 줘라." 했습니다. 비슷한 일화들이 더 많지만 갈 길이 멀어 이쯤에서 멈추려 합니다.

십여 년 전 서울 소재 큰 병원에서 검사받은 뒤 들은 소견이 '집중 검사를 받으라'는 것이었습니다. 겁이 난 그는 검사 대신 집으로 내려왔습니다. 그 후 2011년 여름, 대상포진을 앓았을 때 병원에 입원하기를 극구 거절하며, 2주 이상 집에서 버텼습니다. 통증을 견디다 못해 결국 병원에서 입원 치료를 받기는 했지만, 이미 신경까지 침투한 대상포진균 때문에 독한 약물 치료가 불가피했습니다.

그 당시에 현실과는 동떨어진 뜬금없는 말로 가족들을 놀라게 해서 주치의에게 보고를 하니, "약물 부작용으로 그럴 수 있다."라고 했습니다. 그래서 치매 검사를 꼼꼼하게 했지만, 이상 소견은 없었습니다. 다만 "간혹 약물 때문에 부작용이 생기기도 하는데 섬망인 것 같다."라고 했습니다. 퇴원하고도 고통이 심해서 약을 장복해야 했고, 시간이 지나면 지날수록 섬망 증세는 점점 심각해졌습니다.

어쩌다 방문하는 자녀들에게는 그런 모습을 보이지 않았고, 함께 사는 아내와 가까이 사는 둘째 아들과 막내에게는 어쩔 수 없이 섬망 증세를 보이는 날이 많았습니다. 아내는 그를 성품도 강하고 의지력도 남다르게 강인한 사람으로 알고 있었습니다. 그런데 그런 아내 곁에서 얼토당토않은 언행을 하는 일이 빈번해지고 반복되었습니다. 함께 늙어 가는 처지의 아내에게는 버거운 나날들이었습니다. 결국 기본적인 생활도 스스로 못 할 정도로 그는 심신미약 상태였습니다. 그렇게 한 달 정도 지냈을까? 누워서는 숨을 쉬기도 힘들 정도로 심각한 지경이 되었습니다. 벚꽃 길 드라이브를 한 후에 막내의 조심스러운 병원 치료 권유에 다른 때와는 다르게 슬며시 순응했습니다.

그 병원이 생긴 초창기에 뇌출혈로 입원 치료를 받고 예후가 좋았던 아내의 경험이 있었습니다. 그 기억을 가지고, 집에서 거리도 가까운 곳이라 입원 치료를 받은 것입니다. 그런데 이상하게도 어느 시기부터 주사와 검사를 거부하기 시작했고, 식사도 거절하기 일쑤였습니다. 둘째 딸이 처음으로 문병을 갔을 때는 눈빛도 살아 있었고, 야위기는 했어도 점차적으로 쾌차하리라는 믿음이 있었습니다. 가족들도 같은 마음으로 기다렸으나, 한 달 정도 지났을 때는 그의 배가 푹 꺼져서 '가망이 없겠구나!' 싶어 모두가 절망 상태였습니다.

불길한 예감을 느낀 지 며칠 지나지 않아 그는 결국 숨을 거두고 말았습니다. 그제야 알게 된 그의 병명은 폐암 말기였고, 왜 그토록 병원에 가기를 꺼려 했는지 알 수 있었습니다. 그는 자신의 병증을 알고 있었기에, 혹여 다른 가족들이 알게 될까 봐서 전전긍긍, 노심초사 버티다가 더는 안 되겠다는 생각을 했던 것 같습니다. 그래서 병원에 가자는 막내의 뜻을 순순히 따른 것이라는 짐작을 할 수 있었습니다. 그뿐만 아니라 고통이 심하고 섬망이 갈수록 심해지는 구차스러운 상황이 싫었던 듯합니다. 그래서 병원에 입원은 했어도, 주사나 검사 등을 일체 거부한 것이라는 암묵적 결론을 내리기에 이르렀습니다. '본인의 의지로 쉼표 대신 마침표를 택했던 것이 아닐까?' 싶어서 가족들의 회한은 더 깊어질 수밖에 없었습니다. 혹여 길게 가족들을 힘들게 할까 봐, 그가 스스로 거부한 것들을 떠올리고 되새기며 묵념하듯 그리워합니다. 그는 그 정도로 의지가 강하고 참을성이 많고 입이 무거운 가장이었습니다.

사람들은 존경하는 인물로 성현들을 꼽지만, 그의 둘째 딸은 존경하는 인물로 아버지를 꼽았습니다. 그런 딸이었기에 배가 꺼져서 가망 없음을 깨닫자마자 '다음 생에서도 그의 딸이 되고 싶다'는 장문의 편지를 썼습니다. 본인이 읽기에는 너무 서러워서 다른 사람에게 읽어 달라고 가족 밴드에 올렸고, 누가 그의 귀에 대고 읽었는지는 모릅니다. 직접 읽지는 않았을지라도 그에게 뜻이 전해졌을 것입니다. 왜냐하면 그의 둘째 딸은 혼자 있을 때 몇 번씩 소리 내어 읽었고, 소리 없이도 마음속으로 수없이 읽어 냈기 때문입니다.

입관식을 하면서 마지막으로 본 그의 모습은 그동안 그토록 단단하고 커 보이던 몸피가 아니었습니다. 더할 나위 없이 왜소했고 발은 보통 여자 발보다 작아 보였습니다. 그 작은 발로 크나큰 가정을 지탱하고 책임진 가장의 무게를 보는 순간이었습니다. 잔잔하게 수놓은 무명 수의로 감싼 몸, 예쁘게 수놓은 무명 버선이 감싼 작은 발은 그간의 존경심을 넘어 존귀한 가장의 모습으로 각인되었습니다. 60년을 보아 온 그의 면모들이 음각, 양각으로 막 갈아 놓은 향기 짙은 먹물을 찍어서 한지에 박아 쓴 글자처럼 선연한 순간이었습니다.

"이렇듯 작은 몸피로 우리 칠 남매의 아버지로, 아홉 식구의 가장으로 살아 내시느라 애쓰셨습니다. 이제부터는 편안하게 훨훨 날아 좋은 곳에 태어나시어, 수재로 명필가로 역사에 남을 만큼 지대한 학자로 이름을 떨치시옵소서."라고 그의 둘째 딸은 기도했습니다. 누구의 생각이었는지 큰 붓을 관 속에 넣어 드렸고, 그것을 본 순간 그가 가끔 했던 말이 생각났습니다.

"세필細筆로 쓰는 글씨는 엎드려 써야만 해서 다리에 쥐가 나고 머리에도 쥐가 나려고 한다. 대필大筆로 쓰는 현판 글씨가 어려운 법인데, 일필휘지一筆揮之로 써 내려가기에는 속이 다 시원하다."라는 말이었습니다. 그의 가족 중에 누군가도 같은 얘기를 들었던 것이 아닐까 싶습니다. 대필을 넣어 드린 그 마음까지 전해져서 따뜻하고 맑은 피돌기가 오래도록 계속되었습니다. 그 모습 그대로 기억될 것 같습니다.

2021년 5월 14일 오전, 국화꽃 헌화하며 발인식을 하고, 장례 절차에 맞춰서 그를 태운 리무진 뒤를 따랐습니다. 가족 버스에 앉아 가면서, 마지막 가는 길에 살아생전 고운 것을 유난히 좋아하던 그의 취향대로 고운 수의를 입고, 널찍하고 긴 차를 탔습니다. 좋은 날 사진을 찍겠다고 막둥이 결혼식 날 따로 찍어 둔 영정 사진으로 18대 종손 품에 안겨 앞서가는 모습을 보았습니다. "좋으세요?"라고 묻고 싶었지만, 그러지 못하고 "마지막 가시는 길, 귀한 대접 받으시는 것 같아서 우리가 좋네요."라고만 할 수 있었습니다.

선산 자락, 영면에 든 그의 묘역에는 푸른빛 잔디가 잘 자라는 중입니다. "예쁜 것 좋아하시더니 산소 잔디도 예쁘게 잘 자라고 있네요. 마음에 드시고 좋으세요? 이제 편안하시죠?"라고 다음 생에 또 그의 딸이 되고 싶은 둘째 딸이 말을 걸고 있습니다. 마주 앉아 수박과 참외를 먹으면서 도란도란 말을 겁니다. 평소에도 수다스러운 편이 아니었지만 대답 없는 그를 향해 이런저런 이야기를 오래도록 하고 싶은 마음을 뒤로했습니다.

그의 짧지 않은 인생이 고단했을지라도 굽이굽이 쉼표를 찍을 수 있었기를, 아니 그의 가족들이 그의 쉼표였기를, 그 쉼표마다 '쉼', 그 자체이거나 훈훈한 기운이 그를 감싸안았기를 간절히 바랍니다.

"왜 할아버지 집에는 문이 없지?"라고 네 살 손녀는 묻습니다. 이 세상과는 이별을 하고 저세상에서 다시 만나는 그날까지 그의 미생이 밝고 충만하기를. 그의 가족들과 둘째 딸은 기원을 넘어 염원하고 있습니다.

한 가장을 오래 기억하기 위해 이 글을 씁니다.

자리

16대 종손으로 살다 가신 우리 아버지, 소천하신 지 오늘로 딱 100일입니다. 손 귀한 집안에서 백부님 앞으로 양자 되어 들어왔으니, 데려오는 이도 들여보내는 이도 심적인 부담이 얼마나 컸을까요? 하지만 서로 내색하지 못하고 종가의 대를 이어야만 했겠지요. 그리고 종손의 자리가 얼마나 쓰고 매웠을까요. 워낙에 강하고 짱짱해서 안팎으로 여러 말 나오지 못하게 처신하느라 버거웠으련만, 단 한 번도 힘들다거나 버겁다고 내려놓지 않는 엄중함으로 스물여덟부터 여든아홉까지 육십일 년 세월을 살았네요.

서른셋에 드디어 고대하고 기다리던 17대 종손인 첫아들이 태어났을 때 온 동네가 들썩할 만큼 경사였다지요. 유난히 아버지를 빼닮은 사내아이를 본 할머니는 할아버지를 향해 “고추요 고추~”라고 외쳤고, 그 말을 들은 할아버지는 “참말로 고추요?” 하고 재차 확인할 만큼 좋았다니, 듣는 우리가 어깨춤이 났네요.

맏딸인 언니는 귀한 남동생 기저귀를 남들이 손도 못 대게 손수 빨아서 까치발을 딛고 널면서, 그조차도 행여 누가 손댈세라 손사래를 칠 만큼 각별했다지요. 고작 여섯 살 차이 나는 누나가 그랬다니 지금도 웃음이 나네요. 둘째인 저는 겨우 네 살 차이라 기억이 나는 것은 없지만, 1965년 4월에 남동생이 태어났고, 같은 해 12월에 할아버지가 타계했으니 17대 종손을 품에 안은 지 9개월 만에 편안하게 눈을 감지 않았을까 싶어요. 뒤를 이어 짱짱하게 뒷받침할 만한 종손을 보셨으니 숙제는 다 했다고 생각했을 테지요. 호인으로 소문났었지만 병환이 나셔서 자손子孫을 두시지 못했기에 "범상호虎像豪라서 그랬다."라고 위안 삼아 이야기들을 했다고 하니 '그럴 수도 있을까?' 싶었네요.

양가로 들어온 지 5년 만에 호주 승계는 물론 명실상부 16대 종손으로 자리매김할 수 있었지요. 할아버지가 병환 중에 소천하신 경우라서, 할머니는 건강을 중요하게 여기는 성품으로 매년 봄·가을로 보약을 지어서 달여 드려야 했습니다. 세 번까지 달이는 덕에 감초니 숙지황이니 눈치껏 집어 먹었던 기억이 납니다. 홀로 남은 할머니는 할아버지가 귀애하시던 저를 마치 바통터치를 한 것처럼 애지중지했지요. 그렇게 시간은 흘렀고 제가 열다섯 살 되던 해 1975년 10월, 할머니마저도 타계했을 때 세상에 태어나서 '배신'이라는 단어를 처음 알았습니다. 할머니는 의식 없는 가운데 장손과 장손녀 이름만 연거푸 불렀습니다. "할머니가 이뻐하고 좋아하는 손녀가 여기 있어요."라고 아무리 말해도 소용없이 장손, 장손녀만 부르다 떠났지요. 할아버지 떠난 지 딱 십 년째 되는 해였어요.

부모님께서는 십오 년을 자식으로서의 도리를 다하느라 금전이 귀한 형편과는 무관하게 살 수밖에 없었지요. 어떻게 보면 종손으로서 역할을 제대로 해내느라 안팎으로 힘들었을 시기가 아니었을까 싶어요. 그 후로도 많은 식구를 먹이고 입히고 가르치려니 얼마나 벅찼을지 짐작하고도 남을 일이네요. 아무나 할 수 없는 무거운

지게를 한 몸에 지고 평생 동안 살았으니까요. 아버지가 아니었다면 그 누가 그렇게 견디고 이겨 냈을지 장담할 수 없는 자리였지요. 부창부수로 엄마 역시 칠 남매의 옷을 여유롭게 사 입힐 수 없어서, 옷감을 끊어다가 머릿속으로 구상하고 디자인한 옷을 손수 지어 입혔지요. 남들이 부러워하는 솜씨로 우리들이 자랑스럽게 생각하는 '세상에 단 하나뿐인 옷'을 입고 살 수 있게 했었지요. 이처럼 부모님의 노고가 있었기에 우리들의 유년이 도타울 수 있었음을 깊게 인정하고 기억합니다.

강하고 단단해야만 지키고 지탱할 수 있는 종손宗孫 자리가 비어 있을 때는, 적격자를 찾아 앉힙니다. 그렇기에 4대 봉사손은 양자로 보낼 수 없다는 말도 맞습니다. 그렇지만 운명이 그렇게 이끌었을 것이라 믿어요. 4대 봉사로 제사 9번, 명절 다례 4번, 시제뿐만 아니라 안 해도 될 고생까지 다 이겨 내고 노년에서야 금전적 고통으로부터 해방되었죠. 그런데 병증은 이미 똬리를 틀고 들어앉았었나 봐요. 증상이 있었으니까 서울 큰 병원에서 검사를 받았겠지요. 자세한 검사를 해 보자는 말에 그냥 내려왔다니, 겉모습만 호랑이였지 속은 한없이 여렸을 거라는 짐작을 하게 되네요. 얼마나 겁이 났으면 검사 대신 귀가를 택했을까요. 어쩌면 '차기 종손이 어른이 될 때까지 버티기 위해서 차라리 모르는 편이 낫다고 혼자 판단한 것은 아니었을까?' 싶어요.

어쨌거나 차기 종손이 쉰을 넘기고 예순을 앞에 둔 해인 올봄에 결국 혼자서 병마와의 싸움에서 이기지 못하고 떠났네요. 17대 종손에게 무거운 관을 씌워 주기가 안쓰러웠겠지요. 당신이 서른넷에 종손 승계를 받고 얼마나 두려웠을까요. 마치 외줄 타기를 하듯 육십 년을 살았으니, 육십 살을 앞에 둔 17대 종손이 행여 눈에 밟힐까 봐 노심초사하지 않았을는지요. 그래서 이러저러한 일들을 책임지고 마무리한 후에 눈을 감으셨겠지요.

차기 종손이 어릴 때부터 순하고 너그러운 성품이라 "아버지처럼 단단하고 강하지 않다." 하시며 걱정 반 우려 반인 엄마를 보면서 "걱정일랑 단단히 붙들어 매세요."라고 말씀드렸네요. 왜냐하면 "시대가 어려운 난국일 때는 용장勇將이어야 하고, 편안한 춘추전국시대일 때는 덕장德將이어야 하고, 변수가 많아서 판단과 선택이 많을 때는 지장智將이어야 하는데, 16대 종손이 용장이면서 지장이었다면, 17대 종손은 덕장이면서 지장으로서 누가 함부로 할 수 없을 만큼 위엄도 갖추었으니 아무런 염려 마세요."라고 누차 말하고 있네요.

그러니 아버지가 꿈길에 찾아와 엄마 마음 다독여 주고 가세요. 빈자리는 적격자가 필요하지만, 이미 태어난 순간부터 종손으로 이름 지어졌으니 자연의 이치대로 살아가면 된다고요. 그 자리는 추천할 수도 없고, 임명할 수도 없고, 선출할 수도 없는 자리라고요. 차손 중에 마음에 흡족한 사람이 있다고 대신 세울 수도 없고 욕심내서도 안 되는 자리지요. 종손은 너그러우면서 위엄이 있고, 종부는 착하면서 고상한 맘씨, 솜씨, 맵시를 두루 갖춰서 충분하고도 넘치니 아무런 걱정 마시라고 다독여 주세요. 조상님들로부터 종손으로서 훌륭했던 아버지와 나란히 '종부로서도 충분히 훌륭했다'는 칭송

받을 수 있게요.

그동안 차기 종손이 멀리 살았기에 본가 가까이 사는 둘째와 미혼인 막내가 제사 시장부터 명절 시장까지 부모님 모시고 다니며 보았습니다. 해마다 "그 많은 제사와 명절에 연년생을 데리고 단 한 번도 빼놓지 않고 다녔다."라는 엄마의 칭찬으로 알게 된 그 정성 역시 책임과 의무를 다하기 위한 노력과 역할이었을 테니까요. 이제 종손 내외가 가까이 왔으니 살아생전에 이것저것 가르쳐야 하지 않을까요? 보통의 일반 가정도 아니고 몇백 년 내려온 종가입니다. 한 세대를 삼십 년으로 잡는다 하면 계산 안 해도 나오는 햇수입니다. 오백여 년을 내려오는 동안 얼마나 많은 어려움과 변수가 있었을까요? 산도 높고 골도 깊었겠지요. 그럼에도 불구하고 오백 년 넘게 내려온 종가宗家라면 물 흐르듯이 고고孤高하게 내려가야 할 가도家道와 가승家承과 가운家運을 깊게 생각해야 하는 때입니다.

모든 일들이 물 흐르듯이 제자리 찾아갈 수 있도록, 아버지 대를 이어 당당하게 종손 노릇을 잘해 낼 것을 믿고 태어난 순간부터 모든 것을 일임했겠지요. 그러니 오백 년 내려오는 종가宗家 종손宗孫의 덕과 믿음으로 엄중한 자리 잘 보전하리라 믿습니다. 바라보기만 해도 든든한 대들보가 되기에 충분하니까요. 혼자 남은 엄마를 존중하고 배려하느라 더디 가고 있지만 여러모로 믿을 만한 사람들입니다. 너무나도 잘 아실 아버지를 포함한 조상님들 안목을 믿지 않을 이유가 없습니다. 가승家承을 제대로 이어 갈 만한 인물들을 보냈다는 것을요. 차손次孫들도 종손宗孫 못지않게 훌륭하다는 것 또한 알고 있습니다.

형제 중 한 사람은 직장이 공부와 연관이 있습니다. 그에게 아버지는 사전류 몇 권을 내놓고 "필요하면 가져다 보거라." 하셨지요. 그런 아버지 앞에서 "형이 알아서 하게 두세요."라고 말씀드릴 만큼 동생은 경우가 밝아 마치 큰 나무 같았습니다. 그리고 또 한 동생은 부모님께 충분히 잘하고 있음에도 불구하고 "형들만큼은 잘하지 못한다."라고 겸손을 보이는 것을 전해 듣고 마음이 훈훈하고 뿌듯했습니다. 차손 며느리들 역시 버릴 것 없을 만큼 요즘에 보기 드문 사람들입니다. 그런 동기간들을 두었으니 17대에도 두루 반듯할 것을 믿고 기대합니다.

대대로 이어 가야 하는 종가의 16대 종손으로 징검다리 역할 잘하고 타계한 아버지셨습니다. 그 뒤를 이은 17대 종손이 아버지의 겉모습까지 빼닮았으니 나름의 방식으로 18대로 이어질 징검다리 역할을 잘할 것입니다. 너그러우면서 엄중한 품성을 지녔으니 아버지만큼 잘해 내겠지요. 어쩌면 그 이상으로 잘해 낼 것을 믿고 기대해도 되지 않을까요? 아버지는 강하고 엄격하게 꼭 그랬어야만 지킬 수 있었던 자리지만, 17대에는 눈빛 하나 말 한 마디로도 좌중을 압도할 수 있으니 얼마나 다행스러울까요.

우리는 태어나고 자란 집안이 번창하기를 제일 덕목으로 삼고자 합니다. 엄격하고 호랑이 같던 아버지 앞에서도 꼭 해야 할 말은 불호령을 각오하고서라도 직언直言을 했기에 살아생전 그토록 믿으신 것을 압니다. 이 자리를 빌려 약속드립니다. 우리는 앞으로도 진중

하고 단단하게 17대 종손에게 계승 잘하실, 16대 종부宗婦 엄마 곁에서 그 뜻 받들 것입니다. 그리고 엄마를 부축副軸하고 보좌補佐하고 자리를 잘 보전保全할 것입니다. 그러니 마음 놓으시고 그 세상에서 편안하게 좋은 길만 걸으소서.

제5부

편지 & SNS

- 마음에게 마음이

1. 동서남북과 우리를 위해 삼보일배三步一拜
2. 포도송이로 열리는
3. 초추初秋의 길목에서

동서남북과 우리를 위해 삼보일배三步一拜

가을 하늘은 맑았고 빛은 따사로웠고 풍경은 고즈넉했어. 시제는 '귀뚜라미'였고 참가자는 200여 명쯤? 10시부터 행사가 시작되었는데 조금 서둘렀더니 시간 여유가 있어서 지인들과 사진을 찍고 가을을 만끽하며 마치 소풍 나온 어린아이처럼 좋아했어.

그러다 문학관 뜰에 자리한 정자에서 도시락을 까먹고, 사물놀이 등이 펼쳐지는 걸 봤어. 2부 순서를 즐기는 참가자들이 있었고, 몇몇의 사람들이 모여 심사를 했는데(참고로 말하자면 정신지체 장애우 백일장이었어) 우열을 가리기가 편했어.

잘 쓴 사람들은 마치 시마詩魔에 쓰인 것처럼 소름 돋게 잘 썼고, 나머지는 거의가 정신의 맑음과 흐림이 공존해서 읽기 힘들었어. 일관적이지 못한, 그러면서 독특한 세계를 보여 주는, 200여 편의 원고를 읽으면서 때로는 나도 모르게 웃고, 또는 가슴 아리는 가운데 심사를 마쳤어. 운문도 산문도 심사자 모두가 선택한 원고들을 장원으로 당선시켜 심사한 사람으로서 행복을 느꼈어.

수상자로 호명되는 순간 아이처럼 좋아하는 그들을 보면서 나도 모르게 눈물이 나왔어. 어른이면서 아이 같고 그러면서 또 다른 자기만의 세계에 사는 그네들의 표정에서 가을 풍경 중의 한 컷을 보았어. 적막하다고 해야 할까? 황량하다고 해야 할까? 심해의 심연 같다고 해야 할까?

장원한 사람들의 글에서는 일반인들 글에서도 찾기 힘든 묘한 마력 같은 것이 살아 숨 쉬고 있었으니까. 개개인의 속내야 다는 알 수 없지만, 너무 여려서 다치고 닫아 버린 정신세계, 그 이면에 도사리고 있는 삶의 모순과 참혹성에 가슴이 아팠어. 흔히 말하는 성공적인 길 위에서 자신도 모르는 사이에 거기까지 밀려와 있는 그네들의 현실이 안타까웠으니까. 너무나도 아까운 그네들의 과거가 원고지 위에서 현란하게 춤을 추기도 했고, 자꾸만 가을 하늘로 날아가고 있는 가운데 떨어질락 말락 가슴 졸이는 시간이기도 했어.

장원 각각 한 명, 차상도 각각 한 명, 차하가 합해서 스물아홉 명 그리고 특별상 한 명. 특별상을 받으신 분은 아프기 전에는 각광받는 시인이었는데, 자기를 잃어버렸는지 매년 백일장에 출전한다는 얘기를 들었어. 정신의 한 자락을 놓고 살아도, 자신의 역량이 어느 곳에 있는지 막연하고 초연하게 찾아내고 있는 글이 참 좋았어. 그래도 매번 수상을 시킬 수는 없어서 그분을 위해 마련한 '특별상!'

뒤풀이까지 마치고 집에 돌아오니 상당히 늦은 시간이었어. 아이들은 엄마의 빈자리를 쓰다 달다 하는 대신 기특하게도 자기들 용돈으로 해결했기에, 오자마자 칭찬해 주고 용돈을 채워 주었어. 피곤하긴 했지만 뜻깊은 날이었어.

어젯밤 늦게 대입을 앞두고 있는 조카로부터 전화를 받았어. 내가 얘기했던가? 조카 논술 공부를 메일을 통해 봐주기로 했다는 말. 며칠 전에 논제가 "현대의 문화를 원시 문화와 비교하여 장단점을 기술하고, 나아가서 원시인들에게 현대 문화를 정당화시켜 설득하시오."라는 것이었어. 나에게 "어떻게 결론을 내야 좋을까요?"라고 묻는 거야. 그래서 내 대답이 그랬어. "이모는 자연 발생적인 원시 문화를 동경하고, 오히려 작금의 현대 문화의 병폐나 식민 문화와 상업 문화에 식상해 있는 까닭에 논제와는 정반대 주장을 할 것 같다."라고 말할 수밖에 없었어. 논제에서 벗어날 수도 있었지만….

얼마 전에 뉴스에서 잠깐 접했는데 이름조차 생소한 작은 나라였어(문명과는 상당히 거리가 먼). 그곳에 전신주를 들여오기 위해서는 숲을 없애야 하는데, 그러면 새들의 터전을 빼앗게 되는 상황이었어. 그때 그럴 수는 없다며 국민들이 의견을 모았는데, 전신주 세우는 것보다는 새들과 더불어 자연 친화적으로 살기로 결정을 했다는 거야.

요즘 그런 나라를 보기 힘든 까닭에 귀한 소식으로 뉴스에서 다뤘을 거야. 어찌나 아름다운 사람들의 나라인지 그들의 표정 하나하나가 순수 그 자체였어. 순간 이민이라도 가서 그 곳 사람들과 어울려 살고 싶었어. 그래서 우리 아이들을 TV 앞으로 불러 말했어. "얘들아! 저기를 봐라. 저 나라는 진짜 문화 선진국이다. 잘사는 부강한 나라가 선진국이 아니라 저런 나라가 진짜 잘 사는 선진국이란다."라고.

그 깊이를 알 수 없는 단아함이 느껴져. 언젠가 내가 그랬지? "벗은 어린아이부터 나이 드신 어른까지 커버할 수 있는 사려 깊음이 큰 덕목이야."라고 말이야. 거기다 일반인은 접하기 어려운 유전공학 공부까지 마쳤으니 달란트 또한 평범하지는 않아. 우리가 사는 환경은 달라도 만난 후 지금까지 같은 곳을 바라보고 있는지도 몰라. 아마도 그래서 만나면 할 얘기가 끝없이 많았는지도 몰라. 우리가 만나면 책 얘기부터 시작해 음악 얘기, 사는 얘기, 날이 어두워지기 전 헤어지는 순간까지 쉼 없이 얘기를 했었어. 바다에 갔을 때는 갈매기 얘기를 했었지. 예전에 읽었던 책인 《갈매기의 꿈》 중에서 "지금 배운 것을 통해서 다음 생을 선택할 수 있다."라는 말을 떠올렸었어. 스승인 설리번이 조나단에게 말하는 장면이었지. 그리고 "더 높이 나는 새가 더 멀리 볼 수 있다."라는 뜻깊은 말도 말이야. 내가 읽은 책 중에 몇 권은 지금도 가슴을 따뜻하게 데워 주고 정신을 맑게 해 주는 자양분이야. 《어린 왕자》, 《잃어버린 한조각 나를 찾아서》, 《나의 라임 오렌지 나무》, 《모모》, 《빠빠라기》, 《꽃들에게 희망을》, 《내 영혼이 따뜻했던 날들》, 《아낌없이 주는 나무》 등등. 지금 떠오르는 것들이야. 어른이 읽는 동화라고 할 수 있어. 그중 나에게 교육관을 심어 준 책이 있는데 장 자크 루소의 《에밀》이야. 그 책을 읽고 참 많은 생각을 했었어. 자연주의에 입각한 교육관이 참 획기적이고 신선했으며 상당히 감동적이고 교훈적이었어. 그동안 내가 알고 있던 보편적이고 획일적인 가운데 규칙적이고 규범적인 교육관과는 상당히 달랐어. 그래서인지 내게도, 우리 아이들에게도 적용되어야 하는 것 같아. 아주 많은 부분을 《에밀》에서 모델로 가져오면 좋을 것 같아.

오늘은 이곳에서 열리고 있는 국제자동차엑스포 견학을 하고 왔어. 우리 자동차들의 디자인이 세계 무대에 내놓아도 손색없을 만큼 유려해졌음을 보고 느끼며 기분이 좋더라고. 그리고 세계 유수한 회사의 자동차 중에 대표 모델들이 전시되었는데 그다지 욕심나지 않았어. 그중에서 오래된(백 년도 넘은) 차종들은 소장하고 싶다는 생각이 들어서 눈요기라도 지속적으로 할 양으로 휴대폰에 담아 왔어. 그리고 부품들이야 전문가에게나 소용되는 것이라서 수박 겉 핥기식으로 보다가 첨단 연료나 신소재 광택제 같은 건 우리에게도 유용할 것 같아 팸플릿을 받아 왔지. 어찌나 방문객이 많던지 나중에는 사람들에게 떠밀려 다니다시피 했어. 우리 가족 모두 남자들이라서 나와는 다르게 바라보는 양상이 인상적이었어. 평소와는 다르게 집중도가 엄청나더라니까. 내게는 그냥 이동 수단에 불과한데 말이지.

서울시립미술관에 전시되고 있는 〈피카소전〉을 봤는데, 개인적으로 피카소 그림을 좋아하지 않았고 이해할 수도 없었던 내가 전시를 보고 난 후 그에 대한 느낌이나 시각이 달라졌어. 그의 그림을 이해할 수 있었고 좋아할 만한 매력을 챙길 수 있는 계기가 되었어. 그림의 사실적 표현에 있어서 입체감을 떠올린 탁월한 그의 감각이 돋보였으니까.

그의 입체화로부터 추상화가 발전되었다니 충분히 그럴 만하다는 생각이 들었어. 지극히 사실적으로 그리기 위한 시도를 통해 입체적인 그림이 탄생되었고, 그중에 추상화가 발전되었다는 사실에 극과

극은 서로 통한다는 진리를 떠올렸어. '왜 모든 사물이 다면체적인데 한 면만을 그려 놓고 사실적으로 그렸다는 것인지?'에 대해 의문을 가졌던 피카소는 수많은 예술적 영감을 여성들에게 얻고 입체적 표현 기법을 탄생시킨 거야. 그뿐만 아니라 자신의 작품을 다양한 예술 장르를 넘나들며 표현해 냈어. 그에 대한 얘기는 언제 따로 진지하게 얘기할게. 이렇게 알려 주고 말기는 너무 아쉬운 시간이었어.

정말 신나는 순간은 대학로에 연극을 보러 갔을 때였어. 〈맘마미아〉는 내가 선택할 수 있는 날이 모두 매진이어서 꿩 대신 닭으로 〈넌센스〉를 보러 갔는데, 매표소 앞에서 예약을 하려고 기다리는 중에 로얄석 티켓을 생면부지의 여학생에게 선물받았어. 갑자기 내게 티켓을 주겠다는 거야. 처음에는 무슨 말인지 몰라서 의아하고 어리둥절한 상태로 멍하니 바라보았어. 그랬더니 상냥한 표정과 말씨로 "제게 표 한 장이 남아서 그냥 드리겠다는 거예요."라고 하는 거야. 갑자기 생긴 일이라 무망중에 "고맙다." 하고 받아 들었어. 그리고 고마운 마음에 음료수라도 답례하려는데 한사코 거절하는 거야. 졸지에 은혜만 입고 말았어. 그런데 기분은 참 좋더라. 줄을 서 있던 사람들이 아주 많았는데 왜 하필 내게 티켓을 줄 생각이 들었는지. 그 여학생 덕분에 아주 재미있는 가운데 같이 있던 관객들과 함께 호흡하며 뮤지컬을 보고 왔어. 그 후 가끔 내게 티켓을 준 그 여학생에게 좋은 일만 있기를 빌어. 많은 복을 받으라고도 마음으로 빌게 돼.

- 2006년 동인지 발표

포도송이로 열리는

입춘이 지난 후 어제, 오늘 이틀에 걸쳐서 비가 내리고 있어. 그곳에는 안개 눈이 내린다고? 혼자서 상상을 해 봐. 눈 덮인 세상 속에서 안개가 덮이고 바람이 불 때 가는 눈바람이 내리는 것과 같은 걸까? 아니면 안개 자욱한 공간에 쌀가루 같은 안개 눈이 내리는 걸까? 어떤 모양으로 내리건 간에 '안개 눈'이란 말이, 아니 그 표현이 참 좋아.

이사는 가끔 필요한 것이 아닐까? 버리기 아까워서 여기저기에 가지고 있던, 별 의미나 필요조차 없는 물건들을 정리할 수 있는 적절한 계기가 될 테니까. 우리도 아이들이 원해서 '마당 있는 집으로 이사를 가 볼까?' 하고 3년 전부터 벼르고만 있어. 엄두가 안 나는데, 아래층에 미안해서 아이들이 까치발 딛고 다니는 모습을 보면 '마당 있는 집이라면' 하는 아쉬움이 늘 가슴 한쪽에 자리하거든. 할 수만 있다면 대지 100평 정도에 우선 살 만한 시골집이 있었으면 좋겠어. 뒤로는 야트막한 산이 있고 앞으로는 너른 들이 있고 가까운 곳에 실개천이라도 흘렀으면 더할 나위 없이 좋겠는데 말이지. 텃밭에는 우리 손으로 기른 채소들이 고루고루 있어서 마켓에 가지 않아도 되는 그런 곳. 남자애들이라 마당 있는 집에서 자기네들 바람대로 멍멍이도 기르고, 농구대도 설치하고, 자전거 하이킹도 하고, 때로는 나물도 캐면서 지내면 정말 좋을 것 같아.

동생네는 아파트에서 3년쯤 살다가 산자락에 전원주택을 지어서 이사했는데 그곳은 아이들을 위한 천국 같아. 그곳에 다녀오면 시나 수필이 저절로 써지더라고. 나도 아직 전원주택 지을 여유는 없지만, 10년 후쯤은 아늑한 전원주택에서 사는 게 꿈이야.

좋은 날 이사하면 좋은 일만 생길 거야. 결혼하고 보니 가족의 건강 다음으로 평안하고 복된 삶이 우선이라는 생각이 들어. 우리 모두 그런 삶의 주인이었으면 좋겠어.

답장이 없어서 어디 아픈 건 아닌가 걱정했는데 다행이야. 그래 정이 한곳에 오래 고이려면 관계 지킴이로서의 감정이 오가는 통로를 늘 열어 두어야겠지. 다니지 않으면 어느 순간에 잡초가 그 길을 막아 버릴 테니까.

이곳의 벚꽃을 본 적 있구나! 이곳에 살면서 누리는 호사 중 하나야. 도로의 벚꽃이 70점이라면 산자락 벚꽃 터널은 100점을 줘도 부족해. 사이사이 박힌 동백도 벚꽃을 가감 없이 드러내 주는 가객이고. 또 공원의 조각은 꽃에 취한 우리 마음을 굳혀 주는 심지로서의 핵이 되기에 충분하기도 하고.

요즘 좋은 곳을 보면 거의 떠오르는 벗이 있지. 느낄 줄 아는 사람이야. 비가 오면 무작정 걷고, 오래전 80년대에 버스 차장에게 껌 한 통이라도 건네야 마음이 편하던 친구지. 그뿐인가? 쓸 만한 가구를 길에서 찾아내면 기껍고 뿌듯해 먼 곳에 사는 옛 친구에게 전화해

자랑하는 그런 벗이 있어서 난 참 행복한 사람일 수 있어. 왜 이런 벗을 떠올리면 가슴이 점차 따뜻해지는 걸까?

개인적으로 소프라노를 즐겨 듣지는 않아. 지나치며 듣는 경우에는 외면하지 않지만 일부러 찾아 듣지는 않으니까. 소프라노보다는 테너나 바리톤이 편안하게 내 안으로 들어와 음률을 심고 가거든. 아마도 여성성보다는 남성성을 편하게 생각하는 나만의 성향인 것 같아. 언제부터인지 정확하지는 않지만 복잡한 성향을 지닌 여성성이 부담스러워지는 대신 단순하고 굵은 남성성이 편해지기 시작했어. 물론 딱 잘라서 나눌 수 없는 부분이 인간이 내포한 성향인 것은 알아. 그렇더라도 어쩔 수 없이 내 안에서는 밖에 두거나 안에 들이는 걸로 가르기가 되어 버리더라니까. 참 근시안적이지? 갈라야만 직성이 풀리는 소아기적 발상이라고 할까?

어제에 이어 오늘도 서점 순례를 했어. 어제는 아이가 요구하는 문제집을 사러 갔다가, 지금 내게 절실한 것 같은, 소노 아야코의 《사람으로부터 편안해지는 법》을 구입해 새벽 4시까지 읽었어. 오늘은 희망씨의 《씨앗을 파는 가게》를, 이어서 웬디 패리스의 《스무살이 넘어 다시 읽는 동화》를 읽게 될 것 같아. 그리고 《화장(제28회 이상문학상 수상작품집 2004년도)》을 선택했는데 읽지 않았던 해여서 챙겼어. 그리고 《두보시선杜甫詩選》을 골라 왔어. 명절이 되기 전에 모두 읽을 참이야.

'내 안의 참된 인성을 깨우치기 위해서'라면 억지라고 웃을까? 무엇인가에 빠져든다는 건 나를 잊기 위한 방법 같지만, 결국은 나를 찾아가는 지름길이더라. 살다 보니 내가 알고 있던 것들이 전부가 아님을 실감하고 절감하면서 제대로 된 길을 가고 싶어져. 아직 그 길을 찾지 못했지만. 가을이어서 그리고 늦은 가을이어서 가을 안에 있는 나를 뼛속까지 마주 보고 싶어.

아침 일찍 큰애를 태워 수학여행 가는 버스 옆에 내려 주고, 셋째 손잡고 호수가 있는 유원지를 걸었어. 호수에 연꽃이 피어 있어서 운치가 있었거든. 코스모스와 이름 모를 들꽃을 보면서 아이가 "엄마, 우리 카메라 가지고 다시 오자~ 사진 찍으면 너무 좋겠지?" 하는 거야. 그렇긴 했어. 하지만 어찌나 통행하는 차량이 많던지 매캐한 매연 냄새 때문에 다시 가고 싶지는 않아. 산책은 쾌적한 곳에서 하고 싶거든.

이 도시에 긴 산책로를 품은 산은 차량 통행금지라서 공기가 아주 달거든. 문명의 편리함을 얻는 대신 우리가 물어야 할 할증료 같은 매연은 우리 삶의 모순과 부조리 그리고 위협까지 포함하는 것 같아. 목이 막히는 느낌에 매연의 피해가 어느 정도인지 새삼 느꼈다고나 할까. 내일부터는 다시 산책로가 있는 산에 오를 거야. 큰아이 학교 근처에 우리나라 지도상에도 나와 있는 자연 호수가 있어서 그리고 그 호수가 너무 좋아서 갔던 것인데 말이지.

나도 가을 설악산에 가고 싶어. 그래서 '저질러 볼까?' 생각 중이야. 상반기에는 심리적으로 부대끼느라 여행다운 여행을 못 했기에 여행에 많이 목말라하고 있어. 계획대로 설악산에 다녀오면 근사하고 고운 사진 올려 줄게.

사람으로 아팠던 내가 오늘은 사람으로 아픈 사람을 만나 위로가 되려 했어. 그녀에게 위로가 되었기를 바라는 중이야. 산다는 것은 자신을 시험에서 빼내는 일인 것 같아. 왜 그렇게 시험에 들게 하는지. 아주 단아하고 조용한 카페에서 얘기를 들으면서 마음으로나마 그녀를 응원했어. 힘을 얻기를 바라면서. 그리고 '초대'라는 이름을 가진 가정식 백반집에서 조미료가 전혀 가미되지 않은 깔끔하고 담백하고 맛깔스러운 점심을 먹고, 예술회관에 가서 그림을 보고, 야외에 있는 작은 무대에 앉았어. 삶의 마디마디에 숨어 있는 희망들을 마치 보물찾기 하듯 찾아서 나누는 시간을 가졌지. 가을빛은 적당히 찬연했고 가을바람은 알맞게 차가웠어.

그때 예술대 학생들이 졸업 연주회를 위한 흑백이 조화로운 정장 차림으로 아름답게 모여 들었어. 우리는 그네들의 모습에서 인생의 풋풋한 한때를 찾아내고, 누가 먼저랄 것도 없이 웃었어. 그 젊음이 우리를 일깨워 주었지. 이상과 현실의 괴리감은 우리가 채워 가야 할 영원한 숙제라는 걸.

그녀도 일찍 퇴근한 남편이 기다리는 집으로 총총히 돌아가고, 나도 아이가 기다리는 놀이터를 향해, 올 들어 처음 발견한 붕어빵 한

봉지 들고서 총총히 돌아왔어. 눈빛이 살아나 달려오는 아이의 웃음은 어떤 빛보다 눈이 부셨어. 모든 것들이 일상으로부터 뿌리를 얻는다는 사실을 깨달았어. 무성한 잎과 튼실한 열매를 위해 빛과 그늘과 수분과 바람과 이해와 번뇌를 걸러 내지 말고 받아들여야 한다는 생각을 챙길 수 있었어.

"친구는 좋겠다!" 지나다니면서 엄마랑 딸이랑 둘이서 손잡고 마주 보며, 무슨 얘기인지 미소를 뿌리며 지났어. 그때 나도 모르게 한없이 뒤돌아봤어. 그건 말 그대로 부러움이지. 그래도 내게 없는 것에 대해 갈구하기보다는 내가 지닌 것들에 대한 감사와 행복을 챙기자고 마음 다스리기를 여러 번 했어. 이제는 내성이 생겨서 얼추 추스르는 중이야. 왜 사람들은 손에 쥔 것은 흘리고, 없는 것만 귀하게 여기며 돌아보는 것일까? 파랑새 이야기를 할 필요조차 없을 만큼, 충분히 알면서도 그래. 어리석어서라고 말하기 싫어서 말줄임표 대신 마침표를 찍게 돼.

나도 '상사화'인 줄 알았는데 꽃 이름이 '꽃무릇'이래. 우리 친정집 대밭 사이에서 어느 날 솟아나던 꽃인데 작은 백합처럼 생겼어. 분홍도 아닌 것이, 보라도 아닌 것이 제 빛으로 우리를 숨죽이게 하던 그 꽃이 이름하여 '상사화'였던가 봐. 언제 때를 맞추면 사진에 담아 오려고 마음먹고 있어.

미처 색이 들지 못한 내장산의 듬성듬성 보이는 단풍은 그대로

'미완성'만이 지니는 애틋한 기다림이었어. 어쩌다 유독 붉은 기운이 도는 나무를 대할 때 화들짝 반가운 마음 또한 누가 봐도 드러나는 감동이었거든.

시부모님과의 가을 동행, 딸아이와의 가을 나들이, 남다른 시선視線과 심상心像을 지녔으니, 여행이 주는 특혜 한 아름 보듬었겠지? 나까지 기대되는 이유가 뭘까?

이름만으로도 가슴이 훈훈해지는 사이, '모녀母女'. 나는 느껴 볼 수 있는 한계가 있어서 때로는 안타까워. '엄마와 나' 사이는 알겠는데 '나와 딸' 사이는 도저히 알 수 없는 정서니까. 딸이 없는 아쉬움이랄까?

날씨가 아주 맑아. 늦가을을 좋아하는 엄마와 딸이 동행하는 여행은 얼마나 깊고 섬세할까? 우리는 아이들 하루빨리 키워 버리고, 둘이서 하는 여행을 꿈꿔. 왜냐하면 온 가족이 함께 길을 나서면 아이들이 뒷좌석에서 어찌나 장난이 심한지, 또 경유지나 도착지에서 상당히 분주한 편이야. 내가 생각하는 여행 고유의 의미보다는 체력단련에 가까운 분위기야. 여행이라기보다는 아이들 체험학습에 가깝지.

지끈거리는 두통 멀리 바람결에 날려 버리고 가벼운 심신의 주인이 되길 바랄게. 익은 가을이 그윽한 눈으로 모녀를 마주 볼 것 같아. 가을 여행, 개성이 도드라진 가운데 잔잔히 사랑이 흐르는, 마치 영화의 한 장면들처럼 다가오네. 여물지 않아서 오히려 신선할 수 있는 아이의 시선이 궁금해. 벗의 시선이야 사유思惟와 심미審美를 통했을 테니, 어느 정도 알 수 있고 느껴지는 부분이야. 그렇지만 아이의 것은 여러 각도에서 궁금해. 모전여전母傳女傳이겠지만 사춘기에 접어든 세대로 상큼발랄함을 포함한, 소녀의 다듬지 않은 냉철함까지 볼 수 있을 것 같아서. 그 이상의 감정들이 통합되고 분열되어 엄마의 눈으로 가슴으로 들 때 신선한 가운데 흥분될 것 같아. 상상만으로 내 가슴이 더 뛰네.

우리 아이들은 아직 내적으로 여물려는 단계가 아냐. 남자애들이 늦되는 건 알지만 유난히 늦되는 것 같아. 그래도 요즘은 가까스로 얘기 상대가 되고 있어서 앞으로의 모자母子 관계가 기대되기는 해. 그래도 동성이어서 저절로 생기는 유대감 같은 건 없겠지?

슬픔 속으로 침잠해 들면 그 끝이 보일까? 뭐든 바닥을 쳐야 차고 오를 수 있는 기폭제가 생기는 걸까? 언제부턴가 언뜻언뜻 보이는 슬픈 빛깔에 모르는 척 무심한 척했었어. 말을 해서 놓여날 수 있다면 몰라도 근원적인 성질의 슬픔이라면 그냥 몸속 세포 같은 것이라 여겼기에.

며칠 전 밤에 존경하는 선생님이 우리 아파트 앞으로 나오라고 전화해서 나에게 건네준 서정춘 님의 시집 《귀》에서 읽은 〈귀〉라는 시詩야. 전문全文을 전해 주고 싶지만, 사정상 그러지는 못해. 기회가 닿으면 찾아서 읽어 보길 바라. 짧으면서 긴 시였어.

원인이 있는 슬픔이라면 그 슬픔의 심지를 찾아봐. 난 길고 긴 그로기 상태에서 빠져나와 이제 심호흡을 마치고 달릴 준비를 하고 있어. 친구가 나를 도와주었듯이 나도 도울 수 있었으면 좋겠어. 소리를 남기지 않고 길을 남기지 않는 가까운 벗이고 싶어. 그럴 수 있다면.

입동이 지나서인지 바람 끝이 점점 매워져. 그래서인지 감기 기운이 좀체 떨어지려 하지를 않아. 감정을 순화시킬 수 있는 게 눈물이라고? 정서적으로 안정시키는 감정은 슬픔이고? 그래도 웃음이 필요해. 중세 교회에서는 웃음을 죄악시했다지? 신을 외면할까 봐.

차분하면서 유머러스하던 친구, 위트 넘치던 대화법도 기억해. 나긋나긋 시를 읊듯이 나누던 대화들도. 그래 어깨만큼 내려놓을 수 있어도 다행이야. 살며시 웃는 모습 역시 좋아, 소리가 없어도. 소리 내어 웃던 모습보다 배시시 웃던 모습이 더 깊게 자리하고 있거든.

난 달라졌어. 예전에는 미소보다 큰 웃음은 별로 없었는데 지금은 소리 높여 웃어. 왜냐하면 내가 사랑하는 사람들이 그런 모습을 좋아하니까. 사랑하는 사람들이 원하는 걸 해 줄 수 있다는 건 내 행복이기도 하니까. 또 화가 날 땐 화를 내지. 화가 났으니 조심해 달라는 표현이기도 해. 또 슬플 땐 소리 내서 울기도 해. 그러면 내 슬픔이 반으로 줄고 더러는 위로가 될 때도 있거든.

3년 전쯤 '서울로 이사를 해 볼까?' 하고 집을 보러 다녔어. 호야만 데리고 다녀왔는데 집 안이 난장판인 거야. 그래서 엉엉 소리 내서

울었더니 아이들 눈이 동그래지는 거야. 그러더니 자기네들도 엄마 따라 울더라고. 어른인 엄마가 우니까 겁이 났나 봐. 그 후로는 엄마가 외출했다가 돌아오면 집 안이 말 그대로 정돈 그 자체야.

눈물이 그토록 설득력이 있을 줄은 상상도 못 했거든. 때로는 지극히 솔직한 감정 표현이 완전한 대화법이라는 생각이 들어. 그래서 거의 정직한 감정 표현을 하는 편이야. '절제나 여과나 승화가 필요한 경우도 있지만, 가족이라면 그럴 수 있어야 한다'고 생각해. 물론 이건 내가 사는 방법이지. 누구나 방향은 자기가 선택하는 거니까. 방향 설정을 하고 나니까 참 편해.

노트가 보랏빛이었어? 친구가 내게 준 테이프도 보랏빛이었는데. 좋은 곡으로만 골라서 녹음하고 보랏빛 펜으로 곡명을 써 준. 지금도 아끼는 것이라 닳을까 봐 꼭 듣고 싶을 때만 들어. 그중 〈알함브라 궁전의 추억〉을 특히.

이곳도 5시 조금 넘으면 해가 져. 결혼 전에는 해가 짧아서 부담스러워하던 계절이 겨울이야. 난 해가 긴 봄이 좋았어. 어떤 이유보다 해가 길다는 이유만으로. 오랜 학습은 습관이 되었고, 습관은 내 삶의 토대가 되었나 싶어. 지금도 해가 긴 봄철이 좋아. 누가 "어느 계절이 좋으냐?" 하고 물어보면 "사계절이 다 좋아요."라고 대답하는데, 그중 봄이 좋은 이유는 해가 길다는 거야. 또 한 가지는 삭막하던 세상에 연한 파스텔 톤의 자연을 선물로 주기 때문이지.

날씨가 곧 비라도 쏟아 낼 것처럼 잔뜩 웅크리고 있어. 설악산에는 벌써 첫눈이 왔다니까, 이곳도 비가 아닌 눈이 될 수도 있을 것 같아. 늦은 밤에는 제법 춥거든. 나도 아이들이 택견 하러 간 사이에 컴퓨터 앞에 앉았어.

그런 부부가 간혹 있다는 얘기는 들었는데, 가까운 지인을 통해 들으니 잠깐 동안이나마 숙연한 느낌이 들었어. 얼마나 서로를 사랑하고 아끼며 살았으면 마지막 가는 길에 동행을 할 수 있을까? 말 그대로 천생연분이었나 봐. 예쁘게 서로를 아끼고 이해하며 사는 부부들을 보면 삶이 참 평화롭고 안온해. 우리도 그런 삶의 주인이었음 좋겠어. 친구 내외야 사랑해서 만난 부부고, 우리 내외는 결혼한 후 사랑을 쌓아 가는 부부인 것 같아. 그래도 서로를 바라보는 눈길이 사납지 않고, 오가는 말길에 날이 서 있지 않으면 보통 이상은 되리라 믿었어. 하지만 한날 마지막 가는 길을 동행할 만큼은 서로 사랑해야 할 것 같아.

형식을 중요시하는 예식 절차. 난 필요한 부분이라 생각해. 형식과 내실을 따로 구분한다는 일이 모순이라 여기면서 살기에. 내실이 있으면 형식은 자연스럽게 갖춰지는 것이고 형식을 자연스럽게 챙기다 보면 내실은 쌓이는 것이라고, 언제부터인지는 모르지만 양날의 칼과 같다고 생각했으니까. 그래서 그 검은 정장은 순조롭게 챙길 수 있었을까?

우리 나이가 어느새 장례를 무심히 치를 수 없을 만큼 마음이 깊어져야 하는 때인가 봐. 주변에서는 가끔 유명을 달리하시는 분들이 있는데, 내 측근 중에서는 아직 그런 일이 없기에 먼 얘기인줄만 알았어. 그런데 연로하신 부모님들께로 신경의 테두리가 마치 물결처럼 번져. 시부모님 그리고 친정 부모님. 시부모님은 80대 중반이시고 친정 부모님은 70대 중반이시라 '아직은'이라고 여기며 지냈거든. 무심하게 그리고 경건하게 장례식 잘 치르고 맑은 기운으로 돌아오길.

호야네 유치원도 행사 때마다 전담 사진작가님이 계셔. 연말에 앨범으로 묶어서 보내 주는데, 엄마가 찍은 사진과는 다르게 객관적인 내 아이의 모습을 볼 수 있는 것 같아. 작년에 활동하던 아이의 모습들 속에서 내가 찾은 건 진지함이야. 그리고 호기심과 천진함이 사진 속에 숨어서 나를 맞이해. 그 맛에 사진을 좋아하나 봐. 사진은 있는 그대로를 보여 주는데, 때로는 내면까지 드러내는 묘한 매력이 있다는 사실을 알게 되면서 그림과 다른 사진에서 생명력을 찾아.

학자들의 공통점이 예민하면서 단순한 점이 아닌가 싶어. 그래서 학자일 수 있는 거고. 들고파야 학자로 살 수 있을 테니까. 또한 잘해야 한다는 강박관념에서 자유로울 수 없으니 스스로 힘들겠지. 그래도 병원에 다녀와서 편해질 수 있었으니 얼마나 다행이야. 아마도 담백하고 명료한 성품이라 가능한 일일 거야.

혼자여서 느끼는 외로움보다 둘이어서 느끼는 외로움이 더 깊고 강하고 때로는 치졸하다는 사실에 아연해지던 순간들을 말해 뭐 하겠어, 입만 아프지. 그가 나를 다 모르듯이 나 역시 그를 모르는 것이라면 서로에게 덜 서운하고 덜 미안할 일인데, 왜 우리는 늘 내가 더 힘든 것만 같은지. 아무래도 평균을 내고 보면 여성성이 남성성보다는 세심하고 정적이고 모성적이어서 보살피는 데 익숙하기는 한가? 그렇게 보면 우리가 그들을 더 많이 아는 건가?

그래도 표면적으로 잘 지낼 수 있다는 건 자기 조절 능력이 있다는 얘기니까, 조절이 안 되는 사람보다는 안정적이지 않나? 아님 오히려 안으로 침잠해 들어서 상처가 되나? 둘 다인 것 같아. 안정적일 때도 있고, 상처가 깊어질 때도 있고. 그 조절은 자기 자신만 할 수 있겠지. 그 수위 조절이란 게 묘한 거니까.

미리 준비하고 기다리면 좋을 것을 왜 매번 토요일이 되어서야 분주한지. 미루는 성격 탓이 아닌가 싶어. 대충 주변 정리만 하고 지내다가 토요일에는 대청소를 하고, 대충 끼니만 잇는 형식의 식생활을 하다가 토요일에는 식탁을 차리는 수준의 준비를 하느라 어김없이 바쁘네.

"산다는 것은 씨줄 날줄로 짜이는 옷감 같다."라는 말, 살면 살수록 실감이 나. 죽을 만큼 고통스럽다가, 가슴 벅차게 행복하다가, 머리가 아플 만큼 슬프다가, 허파가 놀랄 만큼 즐겁다가, 그 사이사이의 날들은 물처럼 흐르지. 그래서 진들키지 않고, 맥없이 고꾸라지지도 않고, 남들이 보기에는 그날이 그날처럼 살아지는 거겠지. 밖에서 보면 모두가 잘 사는 것처럼 보이는데, 들여다보면 302호나

303호나 마찬가지래. 그래서 적당한 거리 유지가 필요할 테고.

그래, 친구의 내면에 흐르는 정서는 슬픔이었어. 지나치지 않으면 격조 있는 정서라고 생각해. 애끓는 정도만 아니길 바랄게. 그러면 몸을 다치게 되니까. 말 그대로 투명한 슬픔이라면, 살아가는 데 있어서 내면을 정화시키는 필터 역할을 할 테니까.

만추라고 불릴 날이 얼마 남지 않은 것 같아. 한라산 정상에도 눈꽃이 피었다니까. 아끼는 시기 더불어 충만하길 바랄게. 주말 잘 보내. 우리는 이번 주 시골에 다녀올 거야. 양가 부모님 뵙고 걱정하시는 무와 고구마도 챙겨 와야 마음을 놓으시겠기에. 또한 내 마음도 가볍고. "주변이 편해야 내가 편한 것이다."라고 되뇌시던 친정 엄마 말씀에 전적으로 공감하는 중이거든.

피터팬 신드롬을 앓는 사람은 잘 알지 못하는 사람에게는 맑고 순수한 삶으로 보일 거야. 반면에 가까이 있는 사람들은 배려하고 보완해 주는 역할을 해야 하니까 꼭 좋지만은 않을 거야. 또 완충지대도 마련해 줘야 할 것 같고. 그래도 독선적이고 그악스럽고 권위적인 사람보다야 백번 나을 테니까. 그것으로 위안하는 것도 괜찮지 않을까?

나도 우유부단하고 잘 모르는 사람들에게서 좋다는 소리를 듣는 남편에게 많이 속상했는데, 언니가 "남에게 해 끼치는 사람보다 백번 낫다."라고 그러더라. 그 부분을 인정하고 들어가니 우선 내가 편하더라는 말 설득력이 있을까? 또 이 세상에 백 프로 나와 맞는 사람은 존재하지 않는다는 것을 알고 살아갈 만큼 여물었으니까. 부부지간은 그런 것 같아. 너무 가까이 보기에 상대방이 굴절되거나 왜곡되어 보이는.

어제 이곳에는 무서리가 내렸어. 그래서 난방을 했더니 집 안이 훈훈해서 너무 좋아. 느리게 가는 시간을 보고 싶어. 스물이 넘고부터는 왜 이리도 시간이 줄달음치는지. 더디 가는 시계가 있다면 사야 할까? 고장 났다고 여겨야 할까?

일기를 그렇게 쓰는구나! 어쩌면 근사한 소설 같을 거야. 시 같은 수필, 수필 같은 소설 말이야. 친구가 내 첫 번째 독자였어. 근데 그 독자가 너무 과대평가를 했기에 지금까지 한편은 고맙고 한편으로는 부끄러워. 좀 더 부단한 노력을 할게. 벗의 평이 공신력을 얻을 수 있게.

오늘 밤 눈이 온다는데 일기예보를 믿기로 했어. 10~15센티 정도 쌓인다니까. 그러면 일가족이 가까이 있는 산에 올라가 눈사람을 만들어 놓고 내려올 거야. 삼 년 전쯤에도 만들어 놓고 내려왔는데, 아이들이 눈사람의 안위를 확인하고자 열심히 산행을 조르더라니까. 눈사람 만들면 사진으로 찍었다가 보여 줄게. 따뜻하게 잘 자.

일요일, 점심때쯤 첫눈이 내리기 시작했어. 그것도 함박눈이 어찌나 소담스럽게 내리던지 '와'만 외치느라 차마 소원을 빌지도 못했어. "와~ 와~ 와~"

아이들은 밥을 먹고 있다가 서둘러 옷을 챙겨 입고 모자와 귀마개와 장갑으로 완전무장을 하고 튀어 나가려고 했어. 그런데 미처 준비 못 한 호야가 울상을 짓자, 둘째가 달려들어 호야의 밥을 대신 먹어 주는 거야. 그 모습이 어찌나 우습던지 그와 함께 한참을 웃었어. 세 아이가 나가면서 "아빠랑 엄마도 손잡고 산책하세요~" 하기에 우리도 마치 연인들처럼 눈길을 나섰지. 길이 어느새 미끄러워 넘어질까 봐, 그의 손을 잡고 걸어야 했으니 모처럼 온 가족이 즐거운 행복 모드일 수 있었어.

올해 우리나라는 눈이 많은 겨울이 될 거래. 기대가 되긴 해. 대신 2주에 한 번씩 이곳에 다녀가야 할까 봐. 여름방학 때는 매주 다녔는데, 겨울이라 화분에 물을 자주 줄 필요는 없을 것 같아서 격주로 다니려고.

눈이 와서 온 세상이 하얗게 덮였어. 그도 기차로 올라가려는데 기차표도 매진이라 본의 아니게 월요일까지 휴가가 된 것 같아. 아이들도 눈이 너무나 많이 와서 못 올라가는 아빠로 인해 함성을 지를 만큼 기뻐할 정도야. 이런 대우를 받는 기분은 어떨까?

눈 깜짝할 사이에 세상 풍경이 달라졌어. 어찌나 눈송이가 크고 많던지, 세상의 부피가 달라지고 있어. 눈사람은 만들지 못했어. 오후에야 눈이 내리기 시작해서 동네 눈길을 걷다 보니 금세 밤이 되어 버렸으니까.

"노부인과 강가를 거닐었다." 하니 그림이 근사했겠다. 친구와 정서가 통하는 분이면 삶의 향기를 깊이 지니신 분일 거야? 어른이 어른이면서 어른임을 강조하지 않을 때 그리고 열린 사고를 하실 수 있는 분이면 젊은 우리에게 따스한 온기와 고요한 여울로 다가오는 것 같아.

은행 다녀오는 길에 배추 뿌리를 사 왔어. 내가 맛있게 먹자 큰애가 달라는 거야. 그래서 떼어 주면서 "너희들 입맛에는 별로일 텐데?" 했더니 "그런대로 맛이 나네~" 하는데 어찌나 우습던지. '자기네들이 배추 뿌리 맛을 어찌 안다고?' 결국은 귤로 입가심하는 아이를 바라보며 웃음이 났어. 우리 때는 배추 뿌리, 고구마, 밤 그리고 무, 어쩌다는 드롭프스, 껌, 건빵, 버터 볼, 오징어. 또 어쩌다는 약과, 정과, 강정, 엿 등이 간식이었는데. 그 깊은 맛과 가벼운 맛 그리고 아끼던 맛이 소중했음을 지금도 기억해. 어릴 때 먹던 음식들은 추억과 함께 꿈까지 데려다주는 것 같아. 더불어서 소중하고 정겨운 사람 그리고 이야기까지.

그래, 뭔가를 하려면 준비하는 일부터 만만치 않지. 더군다나 완벽해야 하는 사람에게 있어서는 더더욱. 그래도 스스로 만족할 수 있다면 그 이상은 없는 것 같아.

우리 집에는 고서는 많았지만, 내가 읽을 만한 책들은 없었어. 그래서 옆집 친구네 가서 그곳 책장에 가득한 책들을 한 달 만에 거의 독파했지. 그러자 어느 날은 친구가 대문에서 기다리고 있다가 "이제부터는 우리 집에 책 읽으러 오지 마."라고 하는 거야. 딱 세 권만 더 읽으면 한국문학전집 100권을 독파하는 시점이었어. "책을 사 놓으면 뭐 하나? 우리 애들은 안 읽고 옆집 남매만 열심히 읽는데…."라고 부모님께 꾸중을 엄청 들었나 봐. 듣고 보니 이해는 되었지만 서운한 마음은 이루 헤아릴 수 없었어.

그때부터 꿈이 생기기 시작했어. '이다음에 내 방이 생기면 방 안 가득히 책을 쌓아 놓고 하루 종일 그 안에서 책과 벗하며 지내겠다'고. 아마도 그래서 고등학교 다닐 때 저금하는 대신, 학교 근처에 있던 출판사에 찾아가 세계문학전집을 사 날랐던 것 같아. 결핍이 만든 길이었어.

날씨가 무지 추워. 바람까지 드세서 더더욱. 따뜻한 실내에서 책을 보다가 잠깐 졸았어. 중학교 때 '요한 볼프강 폰 괴테'의 《파우스트》를 읽다가 어찌나 어렵고 지루하던지 중도에 멈추고 말았었거든. 그 경험이 늘 아쉬움으로 남아서 어떤 재미없고 지루한 책이든간에 일단 손에 잡으면 끝까지 읽는 게 고집을 넘어 철칙으로 남았어. 그러다 어제 호야가 도서관에 가자고 졸라서 일부러 산책을 하고 도서관에 갔는데 《파우스트》가 눈에 띄는 거야. 두 권으로 나뉘어 2005년 7월에 발행된 책이라서 다시 한번 도전해 보려고 빌려왔어. 윤후명의 《삼국유사 읽는 호텔》과 윤형두의 《산사랑 책사랑 나라사랑》을 함께 빌려 왔지. 연말까지 모두 읽어야 해. 1월 3일에 반납해야 하는 책이거든. 바쁜 틈에라도 열심히 읽으려고 해. 예전에는 독서 노트까지 하느라 바빴는데, 요즘은 특별한 경우가 아니면 독서 노트를 안 하거든. 예전에 해 둔 것이 박스로 하나야. 일부러 시간을 내서라도 워드 작업을 하려는데 게으른 탓인지 쉽지 않네. 어찌할까? 이 게으름을.

지난주에는 용산에 새로 문을 연 '중앙국립박물관'과 '청계천'에 다녀오느라 수지에 있었고, 2주 만에 집에 오니 무지 썰렁해. 보일러를 켜 놓고 베란다 문을 열어 통풍을 하고 어항의 물고기에게 안부를 묻고, 화초를 마주하니 기쁨과 슬픔이 교차해. '천리향'과 '금귤'은 혼자서도 잘 있었는지 꽃망울을 터트리려 하고, '금귤'은 꽃과 과실을 하얗게 그리고 노랗게 익히고 있네. 그런데 그 옆의 '행운목'과 '파키라'는 목마르다고 누렇게 떠 가고 있었어. 갈증이 나서 헉헉거리는 소리가 들리는 듯해. 보살피지 않아도 잘 지내는 친구는 그 친구대로, 보살핌이 없으면 바로 비틀거리는 친구는 그 친구대로 마음 한 자락 드리우게 하나 봐.

그렇게 봉사의 시간을 보냈구나. 번잡하거나 복잡하게 드러나는 일을 꺼리는 성품이니 그럴 수도 있었겠네. 그래도 좋은 경험이었을 수 있지 않았을까? 흔한 체험이라고 할 수는 없으니까. 가끔 자신의 일상과 전혀 다른 낯섦에서 오는 신선함도 찾을 수 있으니까. 익숙하게 길들여진 것들이 편하고 친근하긴 하지만 무덤덤하고 타성에 젖을 염려 또한 있잖아.

진짜 병술년이 되었네? 벗의 가정에도 평안과 복록이 충만하길. 오는 대보름에 달 보고 빌게.

원예사! 어감이 특별하게 다가왔어. 봄과 너무 잘 어울리는 이름이야. 마치 고유명사처럼 느껴졌기에 이름이라고 말해 봤어. '소모성의 화초?' 일년초들을 말하는 거야? 아님 죽어 버린 화초를 말하는 거야? 우리도 친정 뜰에서 수선화를 떠 왔어. 화분 3개에 나눠 심었는데 베란다가 따뜻해서인지 사흘 만에 10㎝ 이상 커 버렸어. 더 크면 안 될 것 같은데 말이지.

이웃을 위한 꽃이 피어나는 대로 가슴마다에 숨어들겠지? 그리고 그마다의 향기가 날아다닐 테고. 우리 집 베란다의 꽃들은 10층 높이의 공기와 바람과 하늘과 구름과 해와 달 그리고 별만 보고 가는데. 친구의 뜨락에 피는 꽃들은 그중 가장 아름다운 사람들의 마음이 보고 가네. 나도 보고 싶어, 벗의 뜰에 핀 그 화초.

이곳 벚꽃은 아직 피어나기 전이야. 바닷바람이 있어서 그런지 아직 추워. 그래도 가까운 산에 한번 가 보기는 해야겠어. 꽃봉오리가 얼마만큼 컸는지. 잊지 않고 만개한 벚꽃 터널 밑을 걸어 보려면 그 시기를 잘 맞춰야 하니까. 꽃이 피어나는 계절이어서 조금씩 마음이 피어나고 싶어 하나 봐. 슬몃슬몃! 이대로 피어나 꽃이 된다 한들 봄꽃에 비하랴마는 꽃이고 싶어지는 시간이야.

날씨가 아이들 데리고 소풍 가기에 딱 좋아. 바람도 없고 햇볕은 밝고 따스해. 보통 때는 이곳도 바람이 아주 많아서, 해풍 때문이라고 생각하지만 정확한 원인은 잘 모르겠어. 하기야 그곳처럼 그렇진 않겠지만, 지명 그대로 산이 많아서 바람이 빠져나가지 못하고 도시를 휘감아 돌기 때문이지 않을까 싶어. 바람이 많은 도시라 그런지, 햇빛이 남향의 베란다로 들어와. 그렇기에 얇은 옷차림으로 나갔다가 다시 들어와 바꿔 입고 나가거나, 그냥 버티다가 낭패를 보는 일이 하나의 해프닝인 적이 아주 많거든. 어쩌면 오늘도 소풍 가기 좋은 날씨라고 나갔다가 도로 들어오는 해프닝으로 끝이 날지도 몰라.

나도 친구들과 모여 살고 싶은 생각이 있는 건 아냐. 그냥 '그래도 재미는 있겠구나!' 하는 정도지. '친한 사이일수록 적당한 거리 유지가 필요하다'는 생각을 갖고 있는 사람 중에 한 사람이거든. '예의는 갖출수록 좋다'는 생각 또한. 그러자면 모여 살기보다는 가끔 만나는 쪽이 관계 유지에 좋은 조건이 아닐까 싶어. 번잡하고 분주한 것을 별로 좋아하지 않는 성향이기에.

한 박자만 쉬어도 보이는 것을 못 보고. 뭐든 너무 잘하려고 하면 역효과인 것 같아. 자연스러운 것이 강점이고 최선이고 자기다운데 말이지.

이름조차 생소한 꽃들이 피어나는 뜨락. 그 뜨락의 주인인 벗의 '일상에 스미는 느낌들이, 가끔 시로 일기장에 고인다'는 말 참 인상적이었어. 일기를 詩로 쓰는 벗, 감동이야.

난 요즘 소설처럼 사는데. 그동안 수필처럼 살려다가 그러지도 못하고, 마음을 닫고 사는 사람들 사이에 있어. 열리지 않는 문을 바라보며 막연함을 느끼고, 그 고리를 자기 스스로 잡고 있음을 깨달을 때에야 막막하고 무겁고 부담스러운가 봐. 그 가운데 '열어야 한다'는 조급함과 '이대로 가자'는 느긋함이 공존하는 상황.

음악을 들으면 눈물이 난다는 말. 내 경우엔 정서적으로 민감한 시기이거나 극도로 외로울 때 그랬던 것 같아. 뒤집으면 그만큼 비워 낸 마음인 거고. 요즈음 무심하게 지내려고 해. 근데 하루에도 열두 번씩 '천사와 악마'가 번갈아 드나들고 '천국과 지옥'에 왔다 갔다 하는 중이야.

윤회輪廻를 믿는 편이어서 새로운 인연 만들기에 아주 인색한 편이야. '책임을 다하지 못할 바에야 인연因緣에 연연하지 말자'는 주의거든. 다음 생으로 연결되는 그 고리를 만들고 싶지 않아. 예를 들자면 부모 혈육의 인연은 내가 결정 할 수 없는 부분이라 차치하고, 그 외 관계들 역시 아주 단순하게 영위하고 싶어. 복잡하게 얽히는 게 다음 생으로 연결될까 싶어서 아주 조심하는 편이야. 가끔 옆지기에게도 내 생각을 주입시키는데, 그 의도는 아마도 '단정端正하게 살자'는 의미이자 압력이지 싶기도 해.

'이번 생이 다음 생을 결정한다'는 생각은 자주 해. 어쩌면 의심 없이 믿는 편이고. 그러기까지는 책에서 얻은 영향도 크지만, 주변을 통해서도 느끼고 깨달은 경우가 많아.

새의 취향을 살펴 주는 마음이 아주 벗다워. 홍시를 사다가 다시 달아 줄 생각을 하다니. 보통 사람들은 까마귀 밥으로 남겨 두었다가 다 먹고 나면 다음 해를 기다리는데 말이야. 근데 정말로 새가 입맛이 정확한 것 같아. 과일도 당도가 높은 과일만 파먹지 맛없는 건 입도 안 대잖아. 아무튼 우리가 미물이라고 칭하는 대상들 모두 우리네 사람들보다 뛰어난 부분이 많아. 맛을 기가 막히게 아는 것을 제외하고라도 장마 질 때 미리 알고, 이변이 올 것을 미리 알고, 우주의 변화를 피부로 느끼고 스스로를 보호하는 것. 지진이나 해일이 올 줄 미리 알고 그네들은 피신을 한다니 참으로 놀랍고 신기해. 오늘부터 장마라는데 아직 비가 내리지는 않아. 다만 세상이 점점 컴컴해지고 있어. 곧 비를 쏟아 낼 것 같은 날씨야. 비 오는 날을 별로 좋아하지 않는 나와 비요일을 좋아하는 친구.

지난 일요일에 온 가족이 함께 깐 마늘의 일부와 매운 고추(청양고추)를 저장했어. 마늘은 곱게 갈아서 냉동실에 저장했고. 이제 양파를 저장하면 되는데 아직 손질하지 않았어. 양파는 간장 대신 소금과 설탕, 식초로만 담가 저장하려고. 그래도 바쁜 틈에 주부 노릇을 하고 나니 기분은 그럴듯해. 마치 일등 주부라도 된 양 우쭐해진다고나 할까?

화성학和聲學, 이야기만으로도 머리가 아프다. 그래도 공부가 좋은 사람이니 보통 사람들보다는 나을 것 같긴 해. 열심히 해서 간단하게 설명해 줘. 날로 먹으려는 나, 참 우습지?

시골에서 올라오면서 일부러 국도를 탔어. 국도 여행은 운치를 더해 주기에, 바쁘지 않으면 국도를 많이 이용하는 편이야. 국도를 이용하면 좋은 점이 한두 가지가 아니거든. 첫째, 이동 중에 여행의 기분을 만끽할 수 있다. 둘째, 통행료가 없다. 셋째, 과속을 안 하니 유류 소비가 적어 경제적이다. 넷째, 아무 곳이나 풍경이 좋으면 멈춰서 사진 촬영이 가능하다. 다섯째, 고장마다의 특산물이 무엇인지 알 수 있고, 때로는 싱싱한 또는 확실한 토종을 구입할 수 있다. 이외에도 더 많은 이유를 들 수 있는데 남겨 둘래. 사실은 바짝 떠오르지 않기도 하고.

설악산에 갈 때는 수해 지역이라 신경 쓰였는데 거의 복구된 상태였어. 우리가 다닌 길 주변에 한해서였는지 전반적인 상황이었는지는 모르겠어. 속초에서 1박, 설악산에서 1박을 했는데, 설악산의 구룡폭포와 금강굴을 목표로 했었어. 구룡폭포는 무난히 잘 올라갔는데, 문제는 금강굴이었어. 어찌나 벅차던지 거의 녹초가 되어 '포기할까?' 하고 생각하다가 호야가 일찌감치 올라가 버렸어. 호야가 하는데 엄마인 내가 포기할 수가 있어야지. 그런데 그곳에서 바라본 설악산의 전경은 비경이었어. 비밀스러운 설악의 면모를 한눈에 보여 주는데 감탄사로는 다 형언하기 어려워. 한번 올라가 보라고 권하고 싶을 뿐. 그렇게 힘들게 올라갈 만한 가치가 있었어. 설악산을 다섯 번 갔는데 금강굴은 처음이었어. 그런데 건질 만한 사진이 없어서 아쉬워. 너무 힘이 들어서 카메라를 그에게 맡기고 뒤처진 탓에 그리고 그곳에 도착해서는 기력이 없어서 퍼져 버린 통에 사진 찍을 생각조차 못 했어. 그가 몇 장을 찍었다기에 믿었는데, 조도를 맞추지 않아서 건질 만한 게 한 장도 없었어. 언제 다시 한번 꼭 금강굴에 가서 근사한 사진을 담아 오고 싶어. 언제가 될는지 모르겠어. 마음 같아서는 바로 되짚어갔으면 좋겠는데, 세상일이 마음대로 되어야 말이지.

산을 즐겨 오르는 편은 아니야. 다만 기회가 닿으면 꼼꼼히 챙겨서 행동에 옮기는 편이지. 시작한 일은 마감을 하고 싶어 하는 편이고. 그래서 숨을 헉헉거리면서도 기어이 올라갈 수 있었던 것 같아. 거의 깎아지른 듯한 산길을 800m 정도 올라갔으니까. 정상에 오르고 나서는 뿌듯했어. 힘든 만큼 성취감 또한 크더라. 하지만 또 가라면 못 갈 것 같아. 그도 "다시 기회가 있을 것 같지는 않다." 하는 걸 보면 무던히 힘이 들었던 눈치야. 제일 어린 호야만 깡충깡충 토끼 같고 다람쥐 같았으니까. 아 참, 그곳에서 귀여운 다람쥐를 수도 없이 만났어. 숲길이 어찌나 좋던지. 들숨 날숨을 쉬는 느낌이 피부에 그대로 드러나는 순간이었어. 물가에 가면 물 내음이 피부에 다가오듯이, 산속에서는 숲의 내음과 기운이 다가왔어. 그리고 수많은 생명체들의 작은 소리까지도.

힘들 때는 정원도 쉬라고 그래. 어떤 이들은 잡초도 어울려 살라고 가만둔다니까. 우리가 그런 도道에 이르지는 못했을지라도 힘들 때는 그런 사람 흉내라도 내 보면 어떨까? 그러면 마음이 한결 수월할 테니까. 모든 일이 마음 안에 있다니까 체력을 추스를 수 있을 때까지만이라도? 우리는 체력을 안배해 살아야 할 중년이 되고 말았어. 우리 잊지 말자, 엄마이니까.

정말 가을인가 봐. 바람이 산들산들 기분이 참 좋아. 절기의 기막힌 변화에 매번 놀라. 어찌 그리도 생명력 넘치게 건강한 것인지. 기다리면 친구가 좋아하는 만추晩秋가 찾아오겠지. 이 가을. 입맛 찾아 잘 먹고 기운 차리길 바랄게.

사람마다 그럴 때가 있는 것 같아. 나도 이유 없이, 아니 이유야 있겠지만 딱히 '이것 때문이다.' 하고 말할 것도 없이 짜증나고 신경이 곤두서는 때가 있어. 그래서 사람인 것 같아. 아무런 변화 없이 늘 똑같다면 인형이거나 목석이거나 도인이겠지. 나는 그래서 사람이 좋아. 다양한 감정 속에서 정돈된 정서를 솎아 내는 과정이 더더욱 인간답기 때문이지. 때로는 솎아 내지 않고 그대로 두고 보는 것 또한 좋고. 아니면 솟는 감정 그대로를 인정해 버리는 것도 좋고. 때로는 옷을 입지 않은 자신을 바라보는 것도 좋은 것 같아. 그러다 보면 자연 치유되는 경우도 있더라. 치유 안 되는 것들은 그런대로 안고

가다가 튀어나오면 보고, 안 나오면 안 보고 말이야. 때로는 남의 일처럼 바라보는 것도 좋지 않을까?

허브가 잡초처럼 자라는 뜨락이 얼마나 향기로울까. 더벅머리도 나름대로 매력 있으니 느긋하게 바라봐. 이름들도 생소한 화초들에게 묘한 생동감이나 생경함이나 동경심이 이는 이유는 뭘까. 우리 땅에서 자라는 화초들에게서 느껴지는 정겨움이나 애틋함과는 사뭇 대비되는 느낌인 건 확실한데 말이지. 인터넷을 뒤지면 어떤 모양인지 알 수 있겠지만 그냥 궁금한 대로 남겨 두고 싶어. 많이 안다고 좋거나 행복한 건 아니니까. 모르는 채 두고 상상하는 즐거움이 오히려 간지럽고 즐거운 것 같아. '미지未知'라는 말이 품고 있는 것.

〈화양연화〉 CD를 어렵사리 구할 수 있었어. 한 번 보고 나서 잘 이해가 안 되는 것 같아서 또 한 번 찬찬히 봤어. 무료하고 단조로운(반복되는 그러면서 약간의 변화를 보이는) 이야기 흐름 속에서 작가의 역량인지 연출자의 능력인지 격조 있는 뉘앙스를 느낄 수 있었어. 그리고 절제된 사랑이 슬프도록 아름다웠고. 통속적이지 않은 마무리가 개운했어. 남녀 배우의 내면 연기 또한 극적인 흐름을 적절히 배분해 베테랑다웠어. 음악 또한 가슴 저 밑바닥을 일구어 가슴 떨리게 하는 묘한 마력이 있었어. 소장하고 싶을 만큼 잔잔하면서도 감동을 주는 영화였어. 우리의 화양연화는 언제였을까?

이곳은 지금 막 수박 철인가 봐. 노지 재배 수박이 나오려면 한 달쯤 있어야 하는데, 하우스 수박이 제철 과일의 의미를 퇴색시켜. 우리도 하우스 수박의 당도나 씨가 거의 없는 과육에 익숙해진 지 오래고 즐기기에 이르렀어. 예전에 여름방학이면 친척 집 원두막에서 따다가 바로 깨 먹던 추억의 수박 맛을 빼면, 지금의 수박 맛도 별반 다를 게 없긴 해. 그런데도 그때 그 시절이 그리운 건 아마도 추억 속의 시간들이 아름답게 채색되고 기억되는 탓이겠지?

특히 여름방학이면 외가에 가서 작은 과수원에 주렁주렁 열린 복숭아를 따다가 흐르는 시냇물에 말갛게 씻어서 아삭아삭 깨물어 먹던 그 맛과, 맨발로 시냇물 속에 들어가 다슬기를 잡던 그 추억들이 지금도 순간순간 떠올라. 교직에 계시다가 정년 퇴임 하신 후 노년을 고향에서 보내시며 당신 손자들에게 이런 유년 시절을 선물로 주신 외할아버지! “교육의 목적은 도덕道德이다. 잘 쓰면 덕이지만, 잘못 사용하면 칼과 같으니 지식을 올바르게 사용할 줄 알아라.” 그리고 “좋은 습관은 사람의 평생을 좌우한다.”라고 하신 말씀 등이 떠올라.

수박 얘기를 하다 보니 여러 가지 추억이 꼬리 물고 나오네.

감나무 예찬. 나도 느끼던 바야. 우리 친정 뜰에도 감나무가 여러 그루 있었어. 봄이면 감꽃이 떨어질 때, 그 꽃을 엮어 목걸이를 만들어 걸고 다니며, 가끔 심심할 땐 떼어 먹기도 했었어. 달큼하면서 떨떠름한 그 맛. 그리고 푸른 그늘 밑에선 자잘한 돌무더기를 쌓아 놓고 친구들, 자매들과 함께 공기놀이를 했었지. 가을에는 장대를 들고 감을 따서 홍시를 만들고 곶감을 깎아 말리고 겨울이면 까치밥 위로 앉은 눈雪이 눈부셔서 한 손으로 눈을 가리며 올려다보았어.

추억은 항상 빛나고 아름다워.

- 2006년 동인지 발표

초추初秋의 길목에서

모두가 나가고 난 공간에서 혼자만의 느긋한 시간. 풀벌레 소리마저 노래로 들리는 평화 그 자체야. 어제는 모카커피를 우려 마시고 오늘은 콜롬비아커피를 우려서 그 목 넘김을 즐기는 중. 모카가 부드럽다면 콜롬비아는 씁쓸함이 묻어나는 강한 맛이야. 각기 다른 포장을 뜯으며 그 향을 기대하는 순간이 행복해. 우려내는 동안 공간을 메우는 향은 미세한 차이를 갖게 한다는 감感까지. 고마워~ 이런 시간과 여유를 갖게 해 줘서.

초추初秋로 가는 길목에 잠깐 밝은 소나기 형제가 지나갔어. 그러자마자 풀벌레들이 마치 자신들의 존재를 알리려는 듯 기세 좋게 목을 풀고, 그 아래로는 방충을 광고하기 위한 작업 차가 요란한 소리를 냈어. 금방 아파트 한 바퀴 돌고 나서 멀어져 가는 소리를 듣고 있어. 자연의 소리와 기계음이 동시에 나는데도, 각기 다른 높낮이로 들리는 것을 보면서, 그 이채로움에 혼자서 웃게 돼. 우리의 청력이 적절하게 제 기능을 발휘해 주는 덕이겠지. 예술가들은 그중 아름다운 소리를 취해 들을 테고, 나 같은 경우는 동시에 두 소리를 들을 수 있는 평범하고 보편적인 사람인 것 같아.

빛은 아주 따가운데 바람의 선이 맑고 시원해. 그런 데다가 베란다의 화초들도 어제 오후 손질을 받은 유려함으로 푸른빛을 맘껏 뿜어내고 있어. 책을 읽다 말고 우려낸 커피 한잔 마시는 중에 잠깐 베란다 화초들과 눈인사를 주고받다 왔거든. 얼마 만에 누려 보는 여유로운 시간인지 몰라. 남편에게 축하를 받을 만큼. 오늘부터 호야도 개학을 하게 되자 그가 “내일부터는 오전 시간은 오롯이 자기 것이네? 축하해.”라고 하는 거야. 맞아, 축하받을 일이었어.

가족들 속에서 부대끼며 느끼는 뿌듯하고 포만한 행복과는 달라. 혼자만의 시간에 그들이 남긴 뒷자리에서 그 흔적들을 치우거나, 혹은 그대로 둔 채 하고 싶은 대로 시간을 주무를 수 있음이 좋아. 마치 세상이 나만을 위해 존재하는 것 같은 착각마저 들 정도야. 아마도 첫날이어서 그렇겠지? 길어지다 보면 ‘빈둥지증후군’을 느낄지도 몰라. 하지만 지금 생각에는 전혀 그럴 것 같지 않아. 호야가 아직 어려서 육아로부터 놓여난 상태가 아니라 그렇겠지만, 내게 주어지는 한나절이 마치 특별한 혜택 같아.

이 시간에는 모든 것들이 아름답게 보여. 사람이 꽃보다 아름다울 수 있는 순간도 지금이야. 사람들 속에서 보대끼는 시간에는 결코 느낄 수 없는 느낌이라고 할 만큼이지. 그래서 적당히 떨어져야 제대로 보이는 건가 봐. 숲속에서는 숲이 보이지 않다가 그 속에서 빠져나와 멀어질수록 더 선명하게 보이는 것처럼 말이야. 밖에서 보아야 숲의 크기와 빛깔과 그 그림자까지를 아우를 수 있는 것같이, 가족들이 있어 반영되는 삶의 모습이야.

기타 선율이 이렇구나~ 감미로움 그 자체네. 난 솜사탕을 별로 좋아하지 않지만, 마치 솜사탕 한 입 물고 산들바람에 실려 구름을 타고 있는 것 같아. 저 먼 데서부터 약하게 일렁이는 파도를 타고 있는 느낌과도 같고. 음악을 그토록 좋아하는 줄은 몰랐어. 항상 음악 속에 잠겨 있다는 느낌을 받긴 했지만. 나는 음악을 좋아하긴 해도 늘 곁에 두는 편은 아니야. 생소한 곳에서 들려오는 음악 소리에 감동을 받고 오히려 귀를 기울인다고 할까. 오디오를 들을 때는 보통 다른 일에 빠져 저는 저대로 흐르게 두거든. 그런데 길을 지나가다 잠깐 귓전에 닿는 음악, 또는 산책로나 '물빛다리'를 건널 때 내 곁을 어우르며 동행하는 클래식이나 오래된 팝이나 영화음악 등에는 상당히 귀를 열어 두는 것 같아. 특히 의외의 곳에서 음악을 듣게 될 경우 나도 모르게 선율에 스며들고 감동을 받아.

비를 준비하는 하늘 아래서 오랜만에 음악 카페에 있는 것처럼 분위기 좋은 감상 시간이야. 영화음악부터 기타 선율 그리고 고전음악과 고르고 고른 포크송까지. 예전의 나로 돌아간 것 같은 시간이야. 다시 음악 속으로 몰입이 돼. 어떤 가수인지는 모르지만 상당히 깊이 있는 목소리야. 울림이 있는 창법을 구사하는 가수인가 봐. 요즘 노래 잘하는 언더그라운드 가수들이 많아서 음악을 듣다 보면 '어떤 경우든 결국에는 실력으로 가름한다'는 너무나 확실한 사실을 알게 되지. 공중파 방송에서 들을 수 없는 낯선 음색이라 훨씬 감동의 여울이 크게 번지는 것 같아.

음악을 들으며 컴퓨터 앞에 앉아 세상과 소통하는 시간. '재스민'에 대해 검색을 해 보니 종류가 아주 많았어. 다른 종류는 모두 이름들이 있는데 우리 집 베란다에 핀 꽃에 대한 이름은 없고 그냥 '재스민'인 것이 아마도 대표하는 꽃인가 봐. 꽃말이 '당신은 나의 것'이래.

차 종류인데 꽃 모양은 다섯 잎이고(치자 꽃과 비슷한 것도 같은데 크기가 작은 것 같고) 봉오리는 진보라야. 피어나는 순간은 고혹적인 보랏빛이고, 중간 단계는 연보라였다가, 조금 더 지나면 꽃잎 중간에 연보라 선을 남기고, 마지막에는 하얗게 변해서 시들다가 떨어져. 향이 어찌나 강한지 온 집 안에 향수를 뿌려 놓은 것 같아.

어릴 때 꽃에 비유되고는 했다가 어른이 된 후로는 그런 일이 별로 없었는데, 오래전에 우리 동인으로부터 '옥잠화'를 닮았다는 소리를 듣고 기분이 상당히 좋고 행복했었어. 그랬다가 며칠 전에 이동하는 화원에서 화분 갈이를 하고 있을 때, 지나가는 젊은 엄마가 "꽃과 주인이 닮았네."라고 그러는 거야. 그러자 주변에서 모두들 "정말이네!" 하는데 어찌나 부끄럽던지 어색하기까지 하더라. 그런데 그 꽃이 '재스민'이었어. 완전한 아줌마 대표 모델인 내게 '그런 분위기가 남아 있나?' 싶어서 의아하면서도 굳이 내 비위를 맞춰야 할 자리도 아니었기에 그냥 행복감만 챙겨 가지고 돌아왔었어.

그런데 참 웃긴 거 있지? 그 이후로는 '재스민'에 눈이 머무는 순간마다 나를 바라다보게 돼. 사람의 입김이라는 게 듣는 사람을 참 많이 휘둘리게 하는 힘이 숨어 있는 것 같아. 누구에게 평을 받지 않더라도 우리는 인격에 책임져야 할 시기임이 분명한 것 같아. 그곳에서 이곳에서도 향기를 잃지 않는 벗이었음 좋겠어.

꽃 요리를 그렇게 해서 먹는구나. 내가 먹어 본 꽃 요리는 화전으로 먹는 진달래, 찹쌀가루 묻혀 기름에 튀긴 아카시아, 매화차, 국화차, 연꽃잎차, 재스민차 정도야. 그런데 이상하게 꽃 요리는 요리라고 하기보다는 간식 같아. 마치 간지럼을 일으키는 애피타이저 같은. 즐기거나 당긴다기보다는 우연히 먹게 되는 경우 그냥 입맛을 다시는 정도야. 그래서인지 한 번도 꽃 요리를 한 적이 없어. 요즘 '웰빙' 물결을 타고 '허브비빔밥'도 자주 접하게 되는데 달게 먹기보다는 분위기상 어쩔 수 없이 경험하는 조심성으로 입에 넣어 보는 정도야. 우습지?

무슨 일에서나 사람마다의 향기는 묻어나는 것 같아. 드러내지 않고 안에 품기만 해도 풍기는 향기처럼. 반대의 의미 역시 마찬가지고. 그래서 자존심을 지켜 나가는 일이 인생 최대의 문제일 수 있어. 저번에 얘기했던 장단점의 문제도 그래. 장점만 보기도 단점만 보기도 어려운 일인데(사람은 다면체적인 터라) 장점을 더 크게, 오래 볼 수 있는 방법은 너무 멀지도 너무 가깝지도 않게 관계를 유지하는 게 방법이면서 비법이 아닐까? '결혼 생활을 행복하게 하려면 한쪽 눈을 감고 보라'는 말이 있듯이 모든 인간관계에 적용해도 무리는 아닐 듯싶어.

니트가 어울리는 사람이 따로 있느냐고? 그럼, 어울리는 사람이 따로 있지. 많은 사람이 선호하긴 하는데, 딱 떨어지게 어울리는 사람은 그리 많지 않아. 그렇게 되고 싶어서 쉽게 선택을 하는지도 몰라. 내가 본 몇 안 되는 사람 중에 한 사람이 바로 벗이야. 사색을 많이 하는 사람은 무채색이 어울리고, 떠나기 좋아하는 사람에게서는 브라운과 베이지색이 어울린다고 생각하게 돼. 소년 소녀처럼 꿈을 꾸는 표정과 눈빛을 지닌 사람에게는 파스텔 톤인 것도 같아.

몰라, 나만 그렇게 느끼는지. 언제부턴가 사람마다 특별하게 어울리는 색이 있다고 여기게 되었어. 향수도 그렇잖아. 아무튼 많은 부분을 채우지 않고 비워 두는 공백의 미를 아는 사람과 위의 색들이 잘 어울리는 것 같아.

카디건도 누구나 쉽게 걸쳐 입는 옷이지만, 그 옷을 흡수해 버린 듯이 하나가 되는 사람이 있어. 그런 사람을 보면 큰 나무를 보는 것 같아서 그 그늘에서 쉴 수 있을 것 같거든. 또한 주변에 유난히 니트가 잘 어울리는 사람을 본 적이 있어. 그녀에게 있어 니트는 마치 그녀를 포근히 감싸안아, 간절한 그리움과 고독과 아픔까지 보풀 속에 담아 두는 것 같았어. 따스하고 부드러우나 삶의 질곡 그 깊이를 이해하고 있는 듯. 그래서 누구나 입는 옷은 아니라고 생각했어. 옷은 옷이기 이전에 사람을 표현해 주는 또 하나의 언어거든.

가끔 그로기 상태에 빠질 때가 있어. 빠져나올 수 있는 방법은 밖에 있을 수도 있고 자기 안에서 찾아지기도 하더라. 그런데 중년이라는 시기가 그런 것 같아. 뭔가 알 만한 것들은 다 거친 것 같은데, 불안정한 시기 같은 묘한 언밸런스 상태, 아마도 사추기를 앞에 두고 있어서일까?

공통분모를 찾을 수 있는 누군가와 소통할 수 있다면 그것만으로도 상당한 안식이 될 텐데. 너무 자신을 깊숙이 들여다보는 데서 오는, 상상했던 자신과는 다른 괴리가 힘든 과정을 겪게 하는지도 모르겠어. 나는 그래서 독서를 선택하게 되는 것 같아. 독서하는 동안은 나를 들여다보는 대신, 또 타인들을 어떻게든지 들여놓아야 하는 대신, 작품 속에 나를 두게 되는 편안함을 누릴 수 있어서, 어쩌면 도피처 내지 피난처로 삼는지 몰라. 그 시간만큼은 고요하거든.

나도 잘 우는 편이야. 방송을 보다가(드라마뿐만 아니라 다큐나 오락프로그램 등을 포함)도 울고, 책을 읽다가도 울고, 남의 얘기를 듣다가도 울어. 하지만 음악을 듣다가 우는 경우는 별로 없는 것 같아.

요즘은 일부러 밝은 음악을 선택해 듣거든. 카르마가 그쪽으로 흐를 수 있다는 정보를 접하고 나서부터 밝고 경쾌하고 생동감 있는 곡을 선택하는 편이야. 사람 사는 일이 그다지 명쾌하지 않아서인지, 처지고 축축하고 눅눅한 느낌이 싫어졌어. 슬픈 정서가 사람을 순화시키고 승화시킨다는데, 언제부터인지 모르지만 싫더라. 그래서 일부러 찾지는 않는 편이야. 우연히 접하게 되고, 눈물이 나는 경우에는 자연스럽게 감정의 흐름에 맡겨, 그러면서 그런 나를 바라보게 돼. 반응하는 나의 감성을.

'자기를 깊숙하게 들여다보는 시간이 많으면 많을수록 자기 연민에서 헤어나기 힘들지 않을까?' 하는 의구심이 들어. 자기 연민 그 자체가 두려워진다는 말이 맞는 말이겠지. 2005년을 보내면서 참 많은 걸 깨달았어. '때로 무디게 넘어가고 단순하게 생각하는 법을 일부러 챙기다 보면 나중에는 체질로 굳어져서 세상 살기가 한결 편안하겠다!' 하는 이런 것.

- 2006년 동인지 발표

맺는 글

살아 보니 이곳입니다
정방향만 보고 반듯하게 걷다가
감히 삐뚤빼뚤 살아 보자고
콘크리트 벽을 치고 들어앉아서
안팎 외로움 대신
못난 소나무 기둥 사이에 발린
황토벽처럼 삐뚤빼뚤 살다가
날마다 지나가는 나그네 구름처럼
몽실몽실했으면 더 좋겠습니다

쉰 넘어 예순 넘어 부모님을 여의면서
참 별것 없는 것이 사람살이라고
대답하고 떠나신 울림이 남아서
앞산 뒷산 부딪다가 돌아옵니다
이제는 삐뚤빼뚤 몽실몽실 살다가
바라보는 사람들조차 편안하기를
바라는 마음으로 자연스럽게
직선과 포물선과 무형까지도
포함해서 보듬어 보고 싶습니다

서평書評은 독자의 몫입니다

- 2024년 늦봄 오원 박정숙